나는 돼지농장으로 출근한다

글로벌 금융전문가 이도헌의
# 나는
# 돼지농장으로
# 출근한다

이도헌 지음

스마트북스

글로벌 금융전문가 이도헌의
## 나는 돼지농장으로 출근한다

**1쇄 발행** 2016년 9월 26일
**3쇄 발행** 2018년 11월 26일

**지은이** 이도헌
**펴낸이** 유해룡
**펴낸곳** (주)스마트북스
**출판등록** 2010년 3월 5일 | 제2011-000044호
**주소** 서울시 마포구 월드컵북로12길 20, 3층
**편집전화** 02)337-7800 | **영업전화** 02)337-7810 | **팩스** 02)337-7811
**기획** 배소라 | **정리** 서은경 | **마케팅** 윤영민 | **디자이너** 어수미

ISBN 979-11-85541-42-6 13320

**홈페이지** www.smartbooks21.com
**원고투고** www.smartbooks21.com/about/publication

copyright ⓒ 이도헌, 2016
이 책은 저작권법에 따라 보호받는 저작물이므로 무단 전재와 무단 복제를 금합니다.
Published by SmartBooks, Inc. Printed in Korea

프롤로그

# 안주보다 위험한 결정은 없다

Staying put is most risky position in a changing market.
변화의 물결 앞에서 안주하는 것만큼 위험한 결정은 없다.

"이 대표, 왜 돼지농장을 하기로 결심했어요?"
금융권 지인들이 자주 하는 질문이다.
"이 대표, 왜 금융회사 잘 다니다가 관두고 이 시골에 왔슈?"
이웃 축산 농가의 대표들이 자주 하는 질문이다.
나는 '금융기관'을 사직하고 '돼지농장'을 하고 있다. 도시인으로 살았던 서울에서도 지금 내 삶의 터전인 시골에서도 나는 평범하지 않은 낯섦의 대상이다. 같은 질문을 워낙 많이 받다 보니 앵무새처럼 같은 답을 반복해야 했다. 그렇게 반복된 답을 하면서, '나는 왜 잘 다니던 금융기관을 그만두고 돼지농장 대표가 되었는가'라는 질문에 온전히 답하고 싶어졌다. 이것이 바로 내가 이 책을 쓰게 된 계기다.

이 책은 2010년, 다니던 직장을 사직하기로 결심한 시점부터 2016년 봄, 어느 정도 귀농 생활이 안정권에 접어든 시점까지의 이야기다. 돼지농장주로서 도시와 시골의 경계에 선 삶을 살면서 느꼈던 생각과 좌충우돌 초보 축산인의 생생한 경험을 담았다.

  40대 중반, 나는 20대부터 종사해왔던 금융과 IT 분야의 일을 정점에서 그만두었다. 어쩌면 이 시기는 평생 한 분야를 일궈온 직업인이 가장 활발하게 활동하며 마지막 열매를 수확하는 황금 같은 시기다. 그러나 나는 이 시기에 회사를 박차고 나왔고, 오롯이 내 삶의 방향 전환에 시간을 바쳤다.

  처음에는 '귀농의 이유에 답을 하자'는 개인적 취지로 책을 쓰고자 했지만, 막상 글쓰기를 시작하면서 지난 6년간의 경험이 한 개인의 이야기로 국한되지 않는다는 생각이 들었다. 이미 몇 년째 금융기관과 대기업들은 지속적으로 구조조정을 진행 중이다. 이제 그 충격파는 우리 경제의 든든한 버팀목이던 조선, 석유화학 등 기반 산업으로 확산되고 있다. 농촌은 농촌대로 수입개방과 이상기후, 소비자 기호변화에 따른 농산물 가격 폭락으로 몸살을 앓고 있다.

  내 이야기는 어려운 시대적 환경 속에서 한 집안의 가장으로 살아가는 우리나라 40~50대 중년의 공통된 고민이 아닐까 생각한다. 정신없이 달려온 우리들은 몸도 마음도 지쳐간다. 하지만 이제 눈앞에서 또 다른 '삶의 전환'이라는 요구와 마주하고 있다.

　책을 쓰며 내 마음을 일관되게 관통한 주제어는 '전환'과 '경계인'이다. 예상하지 못한 변화는 불안하고 불편하다. 사람은 누구나 예상 가능한 '계획된 변화'를 바란다. 하지만 경제의 장기 침체와 인구 노령화, 알파고를 비롯한 인공지능으로 상징되는 새로운 기술의 등장으로 '계획된 변화'에 안주하고자 하는 우리의 바람은 이미 물거품이 된 듯하다.

　이제 '전환'은 선택과목이 아니라 졸업하기 위해서는 반드시 이수해야 하는 필수과목인 셈이다. 우리가 할 수 있는 선택은 듣기 싫은 필수과목을 미리 수강할지 아니면 마지막 졸업 학기까지 미룰지 밖에 없는 것이다. 한창 금융기관에서 일할 40대 중반의 나이에 전환을 시도했으니 나는 듣기 싫은 필수과목을 일찌감치 수강하고 있는 셈이다.

　세상에 없는 기발한 아이디어는 아주 드물다. '전환'은 한 개인에게는 새로운 것에 대한 도전이지만, 한발 물러서서 보면 '전환'은 기존에 존재하던 어떤 영역에 새롭게 진입하고 적응하려는 노력이다. 현실이 전반적으로 어려울진대 우리가 진입하려는 새로운 영역인들 엘도라도 신천지일리는 만무하다. 전환을 시도하는 이들이 '개척자'이기보다 이미 존재하는 영역에서 노력해야 하는 '경계인'이 되는 이유이다.

　기존에 존재하는 영역에서 적응하려 노력하는 '경계인'의 삶은 고단할 것이다. 그러나 나는 '경계인'에서 '융합'과 '차별화'의 가능성을 찾을 수 있고 그 과정에서 새로움을 발견할 수 있다고 믿는다. 세상은 서로 얽혀 있고 밀접하게 연관되어 있기 때문이다.

이 책은 중년에 이르러 귀농으로 전환을 시도하는 한 경계인의 이야기이며 나는 다음과 같은 내용을 담았다. 1장은 인생의 새로운 전환을 시도하며 좌충우돌하는 모습을 담았고, 2장은 돼지농장 대표로 살아가며 농촌과 축산업에 적응해가는 귀농 초기 모습을 그렸다. 3장은 농촌에 정착하면서 내 눈에 보이기 시작한 문제점들, 농촌과 도시의 단절 및 지구온난화 등의 환경 문제와 같이 한번쯤은 공론화하고 싶은 이야기를 실었다. 마지막 4장은 농촌에 정착한 나의 꿈 이야기다. 내가 사는 우리 마을과 상생하며 도시와 연계하여 새로운 전환을 시도하는 돼지농장주가 꿈꾸는 돼지농장 이야기다.

나는 이 책이 그동안 내가 숱하게 받아왔던 두 개의 질문, '왜 돼지농장을 하는지' 그리고 '왜 다니던 금융기관을 사직했는지'에 대한 충분한 답변이 되기를 바란다. 그리고 앞으로 인생의 전환을 앞둔 내 또래의 중년들과 중년을 앞둔 모든 이들에게 내 경험이 작은 도움이라도 되었으면 하는 바람이다. 나는 충남 홍성군에 뿌리를 내린 귀농한 축산 농민이다. 무엇보다 나는 이 책이 도시와 농촌이 함께 머리를 맞대고 소통하는 작은 계기가 되기를 간절히 희망한다.

돌이켜보면 지난 6년간 우여곡절도 많았다. 낯선 땅의 외지인, 초보 축산업자인 나에게 항상 따뜻한 배려와 격려를 아끼지 않은 우리 농장이 자리한 결성면 원천마을 어르신들과 이장님, 그리고 홍성의 양돈업 동료들에게 이 지면을 빌어 감사의 말씀을 전한다. 도시에 살 때는 주민센터나 구청은 나와 아무 상관없는 곳이었다. 하지만 귀농·귀촌을 하면 다르다. 지자체 공무원들은 낯선 곳에 정착하는 귀농인의 든든한 힘이 될 수 있다. 내가 귀농하는 과정에서 여러 조언을 아끼지 않은 홍성군 축산과와 결성면 공무원들에게도 고마운 마음을 전하고 싶다.

앞으로 수입 개방의 파고와 급격한 먹거리 시장의 변화 속에서 우리 농장은 새로운 전환을 모색해야 한다. 그간 우리의 든든한 우군 역할을 해준 카길 사료의 조영동 컨설턴트와 정재흥 홍성 지점대표 이하 우리 농장의 협력사들, 그리고 무엇보다 어려운 시절을 함께 헤쳐 나왔고 앞으로 예정된 험한 파고를 함께 넘어야 할 우리 농장의 동료들에게 늘 함께 해주어서 고맙다는 말을 전하고 싶다.

농장의 일상은 빠듯하고 예상치 못한 일들로 바쁘다. 바쁜 나를 도와서 딱딱한 금융 용어와 축산 용어를 읽기 쉽게 풀어내며, 나의 고민과 일상의 감성을 표현하는 데 도움을 준 서은경 작가에게 감사한다. 그녀의 도움이 없었으면 이 책을 마무리하지 못했을 것이다. 그리고 이 책의 출판을 제안한 배소라 기획자, 내 원고를 기꺼이 출간해준 스마트북스 출판사 유해룡 대표에게도 지면을 빌어 고마움을 전한다.

2016년 어느 여름날<br>
홍성군 결성면에서 이도헌 씀

# Contents

프롤로그
안주보다 위험한 결정은 없다　5

## Part 1
## 인생 후반전을 열다

금융업에서 희망을 잃다　14
방랑여행, 다시 원점에 서다　23
사업 아이템, 어떻게 선정할까　30
돼지농장, 어떻게 선택할까　40
파트너십을 구축하다　47
잘 안다는 건 착각이다　54
급히 먹은 밥은 반드시 체한다　63
부도 위기 농장을 살리다　69

## Part 2
## 돼지농장으로 출근하다

꼴지 연봉의 돼지농장 CEO로 사는 법　78
재기를 위한 설계도를 그리다　88
우리 돼지의 소비자를 찾아서　96
여름, 폭염의 장벽을 넘어서며　107
겨울, 질병의 위협을 넘어서며　114
부도 직전 상황에서 성과금 지급까지　126

## Part 3
## 경계인의 눈으로 본 농촌과 도시의 삶

친환경 농축산물, 과연 누구를 위한 것인가　138
지구온난화, 내 앞에 닥친 현실　145
농민은 어떤 사람인가?　152
농민이 있어야 국민이 있다　160
농촌 없이는 도시의 삶도 없다　170

## Part 4
## 지속가능한 상생의 길을 꿈꾸며

우리 마을을 소개합니다　180
생태 친환경 농축산, 새로운 가능성을 보다　190
다양성과 차별화, 투 트랙 전략　201
아직 갈 길이 멀다　209
전환기 인생을 시작하려는 사람들에게　219

에필로그
긴 호흡을 내쉬며 한 걸음 두 걸음　229

정말 싫으면 안 해도 되고 내 책임으로 내가 결정하는 일.
노력하여 이룬 성과가 쌓여 나가는 일.
결국 내 사업을 해야 한다는 결론을 내렸다. 남은 문제는 '사업 아이템',
나는 평생 할 수 있는 아이템을 찾아야 했다.

Part 1

# 인생 후반전을 열다

# 금융업에서 희망을 잃다

"사장님, 회사를 그만두겠습니다."

"자네, 그게 무슨 소리인가?"

"회사에 불만이 있는 건 아니고 제 길이 아닌 듯합니다. 단 진행 중인 베트남 증권회사 인수는 마무리하고 나서 제 후임자를 선정하고 물러나겠습니다."

"흠… 이 상무가 굳이 나가겠다면 어쩔 수 없지…. 그럼 자네 뜻대로 하게. 단 마음이 바뀌어 계속 남아주면 더 좋고…."

"그리고 제 성과급은 받지 않는 것으로 하겠습니다."

"그건 회사 기강의 문제이니 지급되는 개인 성과급을 거부할 권한이 자네에겐 없네."

"그럼 제게 부여된 성과급을 제가 알아서 처리할 권한을 주십시오."

"자네에게 할당된 것이니 알아서 하게."

나는 그해 내게 주어진 성과급을 직원들에게 나누어 지급하였다. 2010년 초에 불어닥친 미국발 글로벌 금융위기로 인해 내가 맡았던 해외사업과 신사업을 적극적으로 추진하기 힘든 상황에서 내린 결정이었다.

2010년 어느 여름날, 한국투자증권은 호치민 시에서 베트남 현지의 한 증권회사와 인수합의서 체결 행사를 진행하였다. 양사 최고 경영진 모두 협상 결과에 만족했고 행사는 순조롭게 진행되었다. 양사 대표들이 인수합의서에 서명할 때, 나는 서울에서 인수의 최종 관문인 금융감독원 승인 절차를 동료들과 논의하고 있었다. 이제 금융감독원 절차만 통과하면 3년을 끌었던 베트남 현지 증권사 인수 프로젝트는 마무리되는 것이다.

존경하던 전임 임원이 시작한 프로젝트를 잘 마무리했다는 뿌듯함과 안도감을 느끼는 한편, 미래에 대한 두려움과 두근거림이 마음속에 자리 잡기 시작했다. 회사를 떠날 시간이 다가오는 것이다.

### 억지로 쥠 구조조정의 칼자루

2000년대 중반 금융 산업은 호시절을 누리고 있었다. 글로벌 경제는 과거 유례가 없는 호황을 이어갔고 대세 상승 국면의 주식시장은 낙관적인 미래를 방증하는 듯했다. 삼성전자, 현대자동차 등 국내 유수의 기업들은 일본의 경쟁 기업들을 압도하며 승승장구했고 포항제철은 세계 최고의 경쟁력을 갖춘 제철회사로 인정받았다.

2000년대에 접어들어 우리 경제의 신 성장동력으로 자리매김한 국내 금융기관들은 탄탄한 자금력과 실력을 쌓았다. 선도적인 국내 금융기관들은 아시아의 금융허브가 되겠다는 야심을 지닌 채, 해외영업 기반을 확대하기 위하여 중국, 태국, 베트남, 인도네시아 등 아시아 지역으로의 진출을 본격화하고 있었다.

2000년대 중반, 나는 아시아개발은행(Asia Development Bank)의 인도네시아 컨설턴트 및 말레이시아 채권평가회사 대표이사로서 쿠알라룸푸르에 주재하였다. 인도네시아에서는 정부의 채권시장 개혁정책수립과 관련 법률 입안 작업에 주도적으로 참여하였다. 2007년 가을, 인도네시아 정부 관계자들과 함께 심혈을 기울여 추진했던 채권시장 관련 개혁입법이 마무리되었다. 내가 인큐베이션을 맡았던 말레이시아 채권평가회사도 본궤도에 접어들었다.

때마침 나는 모교의 교수님으로부터 한국의 금융기관에서 해외사업을 맡아볼 생각이 없냐는 제안을 받았다. 동남아에서 현지 전문가들과 교류하면서 나름대로 우리 금융기관의 현지화 전략에 주목하고 있던 나는 교수님의 제안에 귀가 솔깃했다. 우리나라 금융기관의 자본력이나 역량도 일정 수준에 올랐으니, 내가 현지에서 쌓은 네트워크나 경험을 더하면 아시아를 주름잡는 금융기관이 되는 것이 불가능한 얘기도 아닐 것 같았다. 교수님이 언급한 회사는 한국투자증권이었다.

당시 한국투자증권은 젊은 오너와 글로벌 감각을 가진 젊은 사장이 이끄는 해외시장 진출에 적극적인 증권사였다. 회사는 베트남 펀드의 출시와 베트남 현지 사무소 개소에 이어 적극적인 해외시장 진출을 모색하고 있었다. 나는 회사의 비전에 공감하였고 회사는 내 경험을 높이 평가해 주었다. 2008년 초반, 나는 해외사업 담당 상무로 한국투자증권에 입사하였다.

2008년은 내가 회사에 입사한 해이자 금융위기의 불씨가 피어오른 원년이기도 했다. 2008년 하반기부터 불안 조짐을 보였던 금융시장은 급기야 미국발 글로벌 금융위기로 확산되었다. 전 세계 주식시장은 폭락하고 환율은 급등했다. 원자재 가격마저 휘청거리면서 금융시장의 분위기는 싸늘하게 식었다. 회사에서 적극적으로 추진하던 해외사업들은 멈춰 섰다.

2009년 초반부터 회사의 구조조정이 시작되었고 내가 모시던 임원이 해고되었다. 나는 연이은 조직개편 과정에서 모시던 임원이 이끌던 조직을 총괄하는 책임을 떠맡았다. 새로운 책임을 맡은 나에게 부여된 임무는 세 가지, 첫째는 부서의 구조조정, 둘째는 불확실성이 큰 해외 프로젝트의 사전 정리, 마지막으로 전임 임원이 추진했던 베트남 증권사 인수를 성공리에 마무리하는 일이었다. 입사한 지 채 1년도 되지 않은 마흔두 살의 젊은 임원에게 직원들의 생사여탈권이 주어졌다.

해고 대상이 되는 직원들은 대부분 한 집안의 가장이었다. 내가 통솔하지 않았던 타부서의 직원들을 평가하고 해고통지 해야 하는 그 상황이 부조리하다고 생각했다. 그러나 어찌할 수 없는 노릇이었다. 큰 위기 국면에서 구조조정은 불가피해 보였고, 조직을 떠맡은 임원으로서 구조조정은 나의 몫이었다. 구조조정과 더불어 나는 중국 등 아시아 각지에서 추진하던 프로젝트의 자금 지원 중단을 통지하는 출장길에 올랐다.

## 금융업에 드리운 장기불황의 그늘

금융위기 상황에서 금융기관의 자금줄이 막힌다는 것은 해당 프로젝트에 대한 사형선고와 다름없었다. 2009년 상반기에 나는 아시아 여러 국가를 다니며 프로젝트에 사형선고를 내리는 가해자였다. 마지막으로 존경하던 전임 인원의 꿈이 담긴 베트남 증권사 인수 프로젝트 하나가 외로이 남아 있었다. 베트남 프로젝트를 검토하며 나는 무너지는 가업을 일으키는 맏아들의 심정이 되었다. 어떻게든 이 프로젝트를 성공적으로 마무리하고 싶었다.

급박한 위기 국면은 벗어났지만 2010년 초 국내 금융업계에는 여전히 짙은 위기의식이 드리워져 있었다. 글로벌 금융위기에 더하여 이미 한계치에 이른 과도한 가계대출, 더 이상 새로운 스타 기업이 나타나지 않는 정체된 주식시장의 징후들은 향후 국내 금융 산업이 침체기에 접어들 것이라는 예측에 설득력을 더해주고 있었다.

98년의 금융위기가 한번 지나가면 다시 쾌청한 날씨를 기대할 수 있는 소나기 같았다면, 2009년에 촉발된 금융위기는 끝을 기약할 수 없이 내리는 부슬비처럼 우리 금융시장을 옥죌 기세였다. 나는 2009년 금융위기를 변곡점으로 우리 금융업이 장기 불황국면에 진입했다고 확신했다.

베트남 증권사 인수 프로젝트의 윤곽이 잡히자 나는 우리 회사가 추진해야 할 성장 대안으로 인도네시아 등 동남아 금융시장 진출을 지속적으로 추진하는 한편, 우리나라 농축산업과 신재생에너지 사업에 주목했다. 동남아 지역 사정에 정통했던 나는 이들 국가들이 금융위기를 잘 극복하리라 확신했다. 또한 선진 금융기관들의 농업분야 및 신재생에너지 산업 분야 투자 동향을 입사 전부터 인지하고 있었기에, 우리나라 농업분야에서도 새로운 사업 기회가 있을 것이라는 기대를 갖고 있었다.

하지만 내가 제출했던 '2010년 이후 장기 사업 전략'은 계획 단계에서부터 난관에 부딪쳤다. 금융위기 상황에서 회사의 정책은 보수적으로 선회했고 동남아 금융시장 진출 사업계획은 받아들여지지 않았다. 농업 등 1차 산업 및 신재생에너지 사업에 기회가 있다는 것은 확신했지만 확신을 설득력 있는 사업계획으로 뒷받침할 만한 구체적인 데이터가 부족했다. 베트남 이후 해외사업의 밑그림을 이어갈 수 없었다. 이슬람 금융도입을 위한 입법 역시 여전히 오리무중이었다. 더불어 2009년 억지로 떠안아야 했던 구조조정의 기억은 항상 내 마음을 무겁게 억누르고 있었다.

## 새로운 길이 답이다

이 모든 상황은 내가 귀국할 때 그렸던 꿈과는 거리가 먼 것이었다. 나는 미래에 대한 장고에 빠졌다. 한참 베트남 증권사 인수 작업이 진행되는 상황이어서 몇 년간 자리보전은 가능했을 것이다. 하지만 마흔세 살 되던 2010년 초 나는 회사를, 아니 금융업을 떠나리라 결심했다.

금융업을 떠난다는 것은 상당히 어려운 결정이었다. 나는 대학 진학을 앞둔 두 자녀를 둔 가장이었다. 오랜 해외생활 탓에 아이들은 현지의 미국이나 영국계 외국인 학교를 다녔다. 단순 암기교육도 없었고 입시에 초점을 맞춘 교육의 폐해도 경험하지 않았다. 하지만 좋은 점만 있는 것은 아니다. 어릴 때부터 외국계 학교를 다녀서 우리말이 어눌했고 귀국하여 우리 교육환경에 적응하기도 힘들었다. 결국 나는 아이들이 귀국하여 우리나라 학교에 진학할 가능성은 일찌감치 포기할 수밖에 없었다. 금융기관에 근무하는 동안은 아이들 학비가 큰 문제가 되지 않았다. 그러나 회사를 사직하면 상황은 달라진다. 그간 모은 재산으로 얼마간 버틸 수 있겠지만 충분한 소득 없이 아이들 교육비를 무한정 감당할 수는 없는 노릇이다.

아이들 학비만 문제가 아니었다. 회사에서 제공되는 승용차와 유류비 등 모든 혜택이 사라지고 내가 쓰는 모든 비용이 내 주머니에서 나가게 된다. 집안 경제를 여유 있게 책임지던 가장이 집안의 돈을 축내는 상황이 벌어지게 되는 것이다. 그렇다고 이직할 직장이나 확실한 사업 아이템을 확보한 상황도 아니었으니, 정신적 부담이 만만치 않았다. 생각이 여기까지 미쳤을 때는 회사에 다시 눌러앉을까 하는 생각이 들기도 했다. 하지만 장기적인 금융업 침체와 내 미래의 불확실성은 예측이 아니라 현실이었다.

나는 창업을 하여 회사를 코스닥 상장까지 이끌었던 28세의 나와 43세 중년에 접어드는 나를 비교해 보았다. 확실히 43세의 나는 28세의 나보다 가진 것과 아는 것이 많다. 성공도 해보았고 실패의 쓰라림도 맛본 43세의 나는 더 많은 경륜을 쌓은 존재이다. 그런데 43세의 나는 직장 수명이 몇 년이나 남았는지 가늠할 수도 없는 그 자리에 왜 그렇게 연연하는 걸까? 나 자신에게 반문해 보았다. 그 답은 '나이 듦에 따른 보수화'였다. 신중함으로 가장한 보수화는 극복해야 할 과제이지 굴복해야 할 대상은 아니었다.

나는 가지 않은 길, 사직의 길을 택하기로 결심을 굳혔다. 더 이상 뒤돌아보지 않았다. 그리고 베트남 증권사 인수가 마무리되던 10월, 직원들이 마련해준 송별회를 마지막으로 회사를 떠났다.

"상무님, 앞으로 무슨 일을 할 계획이세요?"

부하직원들이 물었다.

"난 시골 가서 돼지를 키울 거야!"

내 대답에 모두 웃음을 터트렸다.

### 가지 않은 길

#### 로버트 프루스트

단풍 든 숲 속에 두 갈래 길이 있더군요.
몸이 하나니 두 길을 다 가볼 수는 없어
나는 서운한 마음으로 한참 서서
잣나무 숲 속으로 접어든 한쪽 길을
끝 간 데까지 바라보았습니다.
그러다가 또 하나의 길을 택했습니다. 먼저 길과 똑같이 아름답고,
아마 더 나은 듯도 했지요.

풀이 더 무성하고 사람을 부르는 듯했으니까요.
사람이 밟은 흔적은
먼저 길과 비슷하기는 했지만,
서리 내린 낙엽 위에는 아무 발자국도 없고
두 길은 그날 아침 똑같이 놓여 있었습니다.
아, 먼저 길은 한번 가면 어떤지 알고 있으니
다시 보기 어려우리라 여기면서도.
오랜 세월이 흐른 다음
나는 한숨지으며 이야기하겠지요.
"두 갈래 길이 숲 속으로 나 있었다.
그래서 나는 사람이 덜 밟은 길을 택했고,
그것이 내 운명을 바꾸어 놓았다"라고.

# 방랑 여행, 다시 원점에 서다

이삿짐을 쌌다. 회사를 사직했으니 귀국할 때 회사에서 마련해준 여의도 인근의 사택을 떠나야 하는 것이다. 버릴 것은 버리고 챙길 것은 챙기고, 이삿짐을 분류하면서 지난 3년간의 회사 생활이, 아니 대학을 졸업한 후 20년간의 사회생활이 파노라마처럼 내 뇌리를 스쳐갔다. 지난 3년간 검토했던 분석 자료들, 금융과 금융 ICT에 관련한 숱한 파일들을 모두 버렸다. 짐이 홀가분해졌다. 단출해진 이삿짐을 싣고 10여 년 전 아이들이 어릴 때 살던 옛집으로 향했다.

무엇을 할 것인가? 어떻게 살 것인가? 내 앞날에 대해서 생각했다. "돼지를 키울 거야!" 회사를 나오면서 직원들에게 농담처럼 했던 말이 씨가 된 걸까? 정말로 나는 돼지농장의 '농장주'가 되었다. 하지만 회사를 떠날 때, 미래에 대한 구체적인 계획은 없었다.

그동안 내 삶은 고속 질주하는 자동차와도 같았다. 빠른 속도로 달리던 차의 속도를 늦추면 긴장감이 떨어지면서 비로소 주변 풍경이 눈에 들어온다. 회사를 사직하고 나니 비로소 금융시장 밖 세상을 바라볼 시간과 마음의 여유가 생겨났다.

1994년 대학원을 졸업한 뒤로 마지막 직장이었던 한국투자증권을 그만둔 2010년까지, 나는 16년간을 미친 듯 일에 몰입한 워커홀릭이었다. 그중 9년은 미국 뉴욕, 일본 도쿄, 말레이시아 쿠알라룸푸르 등 세계 여러 도시를 돌아다니며 '금융 비즈니스의 유목민'으로 살았다. 뉴욕 월가 헤지펀드 운영에 참여했고, 도쿄에서는 일본계 대형 금융기관 본사의 ICT 컨설턴트로, 동남아에서는 인도네시아 재무부 정책 자문역으로 일했다. 나는 언제나 머물지 않는 '경계에 선 삶'을 살았다. 어쩌면 이런 유목민적인 경험이 나를 한 곳에 머물지 않고 가보지 않은 길을 나설 수 있게 독려했는지도 모른다.

### 새 출발을 위한 세 가지 원칙

회사를 사직한 후 짧게는 3년간의 회사 생활을, 길게는 대학 졸업 후 내 사회생활을 돌이켜 보았다. 새 출발을 하며 견지해야 할 몇 가지 원칙은 정할 수 있었다.

첫 번째로 '내가 정말 하기 싫은 일은 안 하기'로 했다.

입사 2년 차, 내 의지와 상관없이 구조조정의 책임을 떠맡았던 기억은 회사 생활을 하는 동안 내 마음에 부담을 주었다. 위기 상황에서 어쩔 수 없었다 해도, 직원들을 평가할 자격이 없는 신입 임원이 직원 해고 등의 의사결정을 해야 했던 상황이 부조리하게 느껴졌던 것이다. 나는 회사를 떠나며 미래에는 오롯이 내가 책임을 지고 내가 결정하는 방식으로 일하겠다고 결심했다.

두 번째로 나는 '무언가 쌓이는 일'을 하고 싶었다.

금융기관의 임원은 연 단위로 성과평가를 받는다. 그해의 성과가 좋으면 두둑한 보너스를 받지만 다음 해에는 새로 만든 사업계획을 기준으로 성과평가를 받아야 한다. 매년 원점에서 다시 시작하는 것이다. 무슨 일을 하든지 노력을 하면 꾸준히 쌓이는 것이 더 좋은 일이 아닐까? 조직에 긴장감을 부여하고 책임의식을 고취하는 연 단위 성과평가 시스템이 오너에게는 좋을지 모르겠다. 하지만 매년 원점에서 출발해야 하는 직장인의 삶은 마치 허공에 떠 있는 듯한 공허한 느낌을 주었다. 억대 연봉이 아니어도 좋다. 나는 매년 노력한 만큼 차곡차곡 쌓이는, 그래서 하루하루의 삶을 쫓기듯 살지 않는 그런 일을 하고 싶었다.

세 번째로 나는 '평생 할 수 있는 일'을 하고 싶었다.

한국투자증권 근무시절에 등장한 스마트폰은 내게 큰 충격을 주었다. 스마트폰의 등장으로 일반 핸드폰이 하루아침에 골동품으로 전락한 것이다. 탁월한 기술력과 브랜드 인지도로 전 세계 핸드폰 시장을 좌지우지하던 노키아가 침몰하는 데는 채 몇 년도 걸리지 않았다. 노키아의 몰락은 수십 년 동안 쌓아 온 노력의 성과가 하루아침에 물거품이 될 수 있음을 보여준 산 증거였다. 어차피 새로운 일을 시작하려면 고생을 각오해야 하는데, 내가 땀 흘려 이룬 결과가 오랫동안 지속되는 일이었으면 하는 바람이 간절했다.

정말 싫으면 안 해도 되고 오롯이 내 책임으로 내가 결정하는 일, 노력하여 이룬 성과가 조금이라도 쌓여 나가는 일, 결국 내 사업을 해야 한다는 결론을 내렸다. 남은 문제는 '사업 아이템'이었다. 나는 평생 할 수 있는 아이템을 찾아야 했다.

돌이켜보니 노키아만 허무하게 무너진 것이 아니다. 세간의 주목을 받던 수많은 인터넷 기반 ICT 회사들도 흔적 없이 사라졌다. 나는 이런 과정을 지켜보면서 금융업 다음으로 익숙한 업종인 인터넷이나 ICT 관련 사업 역시 하지 않기로 결심했다. 금융, ICT⋯, 내가 익숙한 분야는 모두 열외로 제외하고 나니, 나는 새 출발의 원점에 서 있었다.

### 세상이 바뀌어도 먹어야 산다

큰 수익이 나지 않더라도 노력하여 이룬 성과를 차곡차곡 쌓아 나갈 수 있는 아이템은 무엇이 있을까? 내가 내린 결론은 '먹거리,' 그중에서도 농축산업과 같은 먹거리와 관련된 '1차 산업'이었다. 세상이 바뀌고 첨단 기술이 변해도 사람은 먹어야 산다. 먹거리 산업에는 빵 가게, 식당 등 도시형 업종도 있다. 하지만 소비자의 입맛은 수시로 변하고 유행에 민감하니 공든 탑이 하루아침에 무너질 수 있다.

반면 아무리 유행이 변해도 먹거리의 원재료가 되는 1차 산업 생산물의 수요는 변함없을 것이다. 나는 먹거리 관련 1차 산업에서 창업 아이템을 찾기로 마음을 먹었다. 새 출발을 위한 큰 방향은 잡은 셈이다. 마침 한국투자증권에 근무할 때 '농업 및 신재생에너지 산업'에 관심을 갖고 1차 산업 투자를 검토한 경험이 있었기에 막연히 잘할 수 있을 것 같다는 자신감도 생겼다.

창업의 방향을 먹거리 관련 1차 산업으로 잡았으니, 먹거리를 생산하는 농어촌 현장을 다녀보고 싶어졌다. 나는 혼자 훌쩍 차를 몰고 붉은 황토밭이 뒤덮인 남도여행길에 올랐다. 서울 도심 여의도의 노을에만 익숙한 나는, 서해의 노을이 이리도 아름다운지 몰랐다. 노을이 떨어지는 그곳까지 달리다가 소와 돼지를 키우는 축사가 나오면 들어가 보기도 했다. 다도해가 펼쳐진 남도는 싱싱한 해산물의 보고다. 해산물을 유난히 좋아하는 나는 남해안 양식장도 돌아보고 싶었다.

하지만 전국 방방곡곡 현장을 돌아다니는 일은 생각처럼 쉽지 않았다. 나는 사람을 처음 만날 때 수줍음을 많이 타는 성격이다. 넉살 좋게 모르는 사람들과 정담을 나누는 그런 일은 상상도 할 수 없었다. 더군다나 무작정 다가가 말을 건네면 사기꾼으로 오인당할지도 모를 노릇이다. 아무런 목적 없이 혼자 훌쩍 여행을 떠나는 일, 상상으로는 근사했지만 막상 그렇게 며칠을 혼자 돌아다녀 보니 처음에는 어색하고 막막하기만 했다. 방랑 여행도 다녀본 사람이 하는 것이다.

점차 방랑 여행에 익숙해지며 마음의 여유가 생기자 서서히 농업현장이 눈에 들어오기 시작했다. 어느 날 나는 한우농장을 찾아가, 소 키우는 농민과 대화를 나누었다.

"농장의 연간 매출액은 얼마나 되나요?"
"글씨유, 소 값이 널뛰기하니 그게 어케 되려나…."
"사육하는 소는 몇 마리인가요? 그리고 일 년에 들어가는 사료의 양과 사료 값은 어떻게 되는지요?

"그거야 따져봐야지. 내가 이 자리에서 딱 말할 수 있는 감. 사료라는 게 내가 직접 베어온 옥수수대도 있고 볏짚도 있으니 그걸 딱 얼마라 말할 수 있간…."

"그래도 대충 일 년에 출하하는 소 마리수와 돈 주고 사는 사료 값이 얼마인지 궁금합니다."

"그런 걸 여기서 워떻게 말혀유?"

농촌 현장을 다니며 대화를 나누는 일도 쉽지 않았다. 손익 분석, 사업계획, 재무제표 같은 금융 용어에 익숙한 나와 소 키우는 농민은 같은 우리말을 썼지만 교감할 수 있는 단어가 얼마 되지 않았다.

나는 회사를 사직하며 한국투자증권 자문역이라는 직함을 부여받았다. 아무래도 백수로 다니는 것보다는 큰 회사 자문역 명함이 있으면 농촌 현장을 다니기 나을 거라고 생각했다. 하지만 '한국투자증권 자문역' 직함이 붙은 명함은 오히려 불필요한 오해를 불러일으켰다. 나를 맞이하는 농민은 큰 투자회사의 '자문역'이 직접 농장을 찾았으니, 이를테면 대규모 투자 계획 같은 숨은 의도가 있으리라 오해했다. 이런 경험을 몇 번 한 뒤, 나는 농촌에 갈 때 더 이상 한국투자증권 명함을 갖고 다니지 않았다.

전국 방방곡곡을 돌아다니는 것은 생각처럼 쉬운 일이 아니었다. 낯선 사람, 낯선 공간과 만나는 현장탐방 여행이었지만 기대만큼 깊숙이 교감하지 못하고 끝났다는 아쉬움이 남았다. 문득 과거에 친분을 맺은 해외의 지인들이 떠올랐다. 국적, 언어, 문화적 배경이나 피부색은 달라도 그들은 대체로 나와 비슷한 사고방식을 갖고 있다. 대화할 때 사용하는 용어도 비슷하고 관계를 맺는 방식도 비슷하니 이들과는 한두 번 만나면 금방 친해진다. 그런데 내가 다녀보지 않았던 우리나라의 시골길은 내게 도쿄, 싱가포르, 베이징 같은 아시아권 대도시의 금융가보다 더 낯설었다.

# 사업 아이템, 어떻게 선정할까?

회사를 그만둔 뒤 6개월간 나 자신에게 자유를 허락했다. 무한한 자유! 누구에게도 간섭받지 않는 온전한 나만의 시간을 누렸다. 어린 시절부터 나는 진학을 위해, 취업을 위해, 일의 성공과 가족부양을 위해 짠 시간표에 맞춰 살아왔다. 마흔이 넘어서야 비로소 나를 충분히 돌아볼 시간을 가진 것이다. 새로운 것들, 낯선 곳을 기웃거리며 전국을 눈에 담고 돌아온 나는 어느덧 자연스레 어업과 농축산업 먹거리 관련 자료를 뒤적이기 시작했다. 마흔 셋, 인생 후반전의 시작점에서 새롭게 일궈갈 일을 만들어가고 있었다.

금융업이 아닌 먹거리 분야 1차 산업은 내게 무척 낯설고 생소했다. 나는 어떤 일을 시작하든 나를 중심에 놓고 그 일이 나와 맞는지를 살펴보곤 한다. 나는 다음을 기준으로 사업 아이템 검토에 들어갔다.

　사업 아이템을 찾는 과정은 나만의 장점과 적합한 업종 간의 궁합 맞추기다. 말은 쉬워 보이나 이 과정은 그리 쉽지는 않다. 나에게 적합한 업종은 무엇일까? 그리고 내 장점은 무엇일까? 보통 창업 준비를 하면서 대부분 이 단계에서 오류를 범한다. 장밋빛 사업 제안서가 창업 준비자의 눈앞에 놓이게 되면 본인과 업종 간의 궁합은 보지 않은 채, 그 사업에 적합한 스스로의 역할을 끼워 맞추는 경우가 많다.

　하지만 장밋빛 사업은 흔하지 않다. 정말 좋은 사업 아이템이라면 그 업계 종사자들이 벌써 독차지했지 전업이나 창업을 준비하는 신참자에게 기회가 오겠는가? 더구나 중년의 나이에 사람은 잘 바뀌지 않는다. 해보지 않은 사업에 적응하기 쉽지 않다는 얘기다. 따라서 관심 가는 업종이 있다면 우선 객관적 자료를 활용하여 시장조사를 하는 것이 바람직하다.

## 시작하기 힘든 업종을 선택하라

시장조사와 사업기획은 내게 무척 익숙한 일이자 주특기였다. 하지만 생소한 분야의 사업이니만큼 철저한 시장조사에 착수했다. '객관적 시장조사'는 생각보다 어렵지 않았다. 우리나라만큼 인터넷에서 양질의 정보를 쉽게 구할 수 있는 나라는 많지 않다.

한국농촌경제연구원(www.krei.re.kr) 웹사이트에 가보면 우리 농축산업에 관련한 업계 전문가들의 분석 자료와 농축산물의 가격 등 과거 시황정보가 풍부하게 개시되어 있다. 특히 농촌경제연구원에서 매년 발간하는 『농업전망』은 우리나라 농축산업에 대한 전반적인 추세를 이해하는 데 필요한 소중한 정보를 담고 있다. 회원 가입만 하면 그 자료를 무제한 활용할 수 있다. 농림축산식품부 웹사이트(www.mafra.go.kr)에 가보면 정부의 각종 데이터와 정책 자료가 친절하게 포스팅 되어 있다. 통계청의 국가통계포털(www.kosis.kr) 자료를 찾아보면 우리나라 농수축산업 업종별 생산 원가와 수익성 정보가 잘 정리되어 있다.

내 관심은 농촌을 향한 먹거리 1차 산업에 쏠렸지만 귀농학교에 등록할 생각은 없었다. 귀농학교들은 대체로 농사짓는 법과 현장 체험을 중심으로 한 교육 기회를 제공한다. 하지만 내가 무엇을 할지 정하지도 않고 무작정 현장 체험을 할 필요는 없다. 교육은 내가 할 일을 정하고 난 뒤에 받아도 무방하다.

어떤 업종을 택할 것인가? 사실 좋은 업종이란 없다. 다만 일반론적으로 말해서, 시작하기 쉬운 업종일수록 장기적으로 안정적인 수익을 내기 어렵다. 반면 시작이 힘든 업종일수록 일단 성공하면 안정적인 수익을 기대할 수 있다. 귀농을 준비하는 나 같은 신참자에게 업종 선택은 매우 중요하다. 특별한 재능이 없는 신참자가 처음 접하는 업종에서 기존의 경력자들보다 더 좋은 성과를 내는 요행을 기대할 수는 없기 때문이다. 그나마 좋은 업종을 선택해야 업황에 기대어 생존할 수 있고 장기적으로 기회를 도모할 수 있는 것이다.

쉽게 창업을 해서 뒤에 고생하는, 즉 웃고 들어가서 울고 나오는 업종이 아닌, 시작이 어렵더라도 점진적으로 기반을 잡는, 즉 울고 들어가서 나중에 웃는 업종을 선택하는 것이 새로운 업종에 도전하는 사람의 올바른 자세인 것이다.

## 좋은 업종을 고르는 네 가지 기준

먹거리 1차 산업에서 나는 몇 가지 좋은 업종의 기준을 생각해 보았다.

첫째는 안정적인 수요 기반을 지녀야 한다.

하루하루의 변화는 눈에 띄지 않지만 먹거리 산업에는 수요의 장기적인 추세변화가 있다. 이는 소비자의 식생활 습관 변화에 기인한 것으로 한번 시작된 추세변화는 쉽게 바뀌지 않는다. 예를 들어 우리나라 소비자들의 빵, 면 등 밀가루 소비가 증가하면서 쌀 소비량은 지속적으로 감소하고 있다. 그리고 수입 개방으로 우리나라 소비자의 과일 수요가 다양화되었다. 소비자의 과일 소비가 다양화되면 그만큼 국내 과일 수요 저변이 위축될 것이다. 어느 업종이나 마찬가지겠지만 소비 기반이 침체된 작물에서도 탁월한 성과를 달성하는 농민들이 있을 것이다. 하지만 그분들은 경륜과 실력을 갖춘 분들이다. 나 같은 초심자들이 특별한 아이디어 없이 덤벼들었다가는 침체기의 시장에서 버티기 힘들다.

둘째는 큰 수익이 나지 않더라도 안정적인 수익을 기대할 수 있어야 한다.

　농업에서 수익의 변동성은 가격 변동과 생산량 변동에 기인한다. 농산물 소비량이 안정적이라는 점을 감안해 보면 생산량 변동이 가격 변동의 원인이 된다. 대체로 농산물은 생산량 감소 → 가격 상승 → 생산량 증가 → 가격 하락의 사이클을 따른다. 안정적인 수익을 기대하려면 가격이 상승해도 생산량이 쉽게 증가하기 힘든 품목을 선택하면 된다. 고추, 무, 배추 같은 밭작물들은 다른 작물로의 전환이 쉽다. 생산량 변동이 심하고 가격 등락이 클 수밖에 없다는 얘기다. 생산 원가와 수익성 정보는 통계청 자료를 조회하면 쉽게 찾을 수 있다.

　셋째는 수입 시장 개방에 대비한 경쟁력이 있어야 한다.

　이미 먹거리 수입 시장 개방은 피할 수 없는 추세이다. 그렇다면 수입 시장이 개방되더라도 경쟁력을 유지할 수 있는 업종을 택하면 좋을 것이다. 한우 사육이 좋은 예일 것이다. 호주·미국 등 축산 선진국들은 넓은 땅에 소를 방목하여 키우므로 사육비가 매우 낮은 편이다. 반면 좁은 땅에 소를 방목할 수 없으니 우리나라는 소 사육에서 축산 선진국의 원가 경쟁력을 감당할 수 없다. 우리나라 소 사육 농가는 우리 고유의 품종 '한우'를 사육함으로써 수입 쇠고기와 경쟁한다. 한마디로 불리한 원가 경쟁력을 제품 차별화로 극복해낸 경우이다.

　넷째는 진입 장벽이 높아야 한다.

　모든 산업이 그렇지만 특히 먹거리 산업에서 진입 장벽, 새로운 시장 참여자가 시장에 진출하는 일이 얼마나 용이한지는 매우 중요하다. 진입 장벽이 낮은 업종은 어떠할까? 수익성이 생긴다는 사실이 알려지면 새로운 사업자가 뛰어든다. 경쟁은 심해지고 수익은 줄어든다. 프랜차이즈 치킨가게가 그 좋은 예이다. 반면에 진입 장벽이 높으면 처음 사업 시작하기가 쉽지 않을 것이다. 하지만 일단 자리를 잡으면 안정적으로 사업을 운영할 수 있다.

진입 장벽이 높은 업종에는 어떠한 것이 있을까? 대표적 사례로 가두리 양식업이 있다. 가두리 양식업을 하려면 '양식허가권'이 필요하다. 바다는 개인의 소유가 아니다. 양식허가권은 말하자면 지역 어민이 바다에서 양식을 할 수 있도록 정부가 부여한 허가권에 해당한다. 양식을 할 수 있는 바다 면적은 정해져 있고, 허가권은 지역 주민에게 할당이 되니 나 같은 제3자는 가두리 양식업에 뛰어들기 힘들다.

## 왜 돼지농장인가?

이렇게 여러 업종들을 기준에 따라 분석해 보니 시설원예, 버섯재배 등 몇 가지 업종이 떠올랐다. 하지만 특히 내 관심을 끈 업종은 돼지농장, 양돈업이었다.

우선 돼지고기 수요는 해마다 지속적으로 증가하고 있다. 우리나라 국민이 제일 선호하는 고기가 돼지고기이다. 그만큼 수요 기반이 안정적이라는 얘기이다. 축산 선진국이나 우리나라나 돼지를 키우는 방식이 동일하다. 즉 땅이 좁다고 우리나라 양돈업이 불리할 이유가 없는 것이다. 덴마크, 네덜란드 같은 양돈 선진국들도 우리나라와 같이 국토가 좁은 나라들이다.

시장 개방에 대해서도 생각해 보았다. 해외에서는 돼지고기와 쇠고기 가격이 비슷하다. 반면 우리나라에서는 돼지고기 가격이 한우가격보다 저렴하다. 수입산 돼지고기 가격과 국내산 돼지고기 가격의 차이가 쇠고기만큼 크지 않다. 또한 돼지고기는 빨리 부패하기 때문에 유통기간이 쇠고기보다 짧은 편이다. 우리나라 소비자들은 냉장 신선육을 선호한다. 냉장 신선육으로 판매되지 못한 재고는 냉동 처리하는데, 냉동 처리된 돼지고기 가격은 급락한다. 냉장 수송비용과 재고유지 비용 탓에 아무래도 수입산 돼지고기는 냉동육이 주를 이룬다. 같은 돼지고기지만 국내산 돼지고기와 수입산 돼지고기의 수요처가 서로 다른 것이다.

농업 분야에서 또 다른 걱정거리는 막강한 가격경쟁력과 물량공세로 밀고 들어오는 중국산 농산물이다. 하지만 돼지고기에 한해서는 적어도 지금의 중국은 위험한 경쟁자가 아니다. 중국은 급속한 경제발전으로 돼지고기 수요가 증가해 돼지고기 수입국으로 전환되었다. 돼지고기를 수출할 여력이 없는 것이다. 게다가 중국 양돈업의 생산성은 매우 낮은 편이고 위생 수준이 열악해 중국산 돼지고기가 우리나라에서 경쟁력을 갖기 힘들다.

더욱이 조사를 해보니 우리나라에는 '가축사육 제한구역'이라는 제도가 있었다. 돼지농장을 지으려면 마을과 일정거리(통상적으로 500미터) 이상 떨어져 있어야 하고 반드시 마을 주민의 동의를 받아야 한다. 그린벨트나 임야에 농장을 마음대로 지을 수 없으니 우리나라에서 새로 돼지농장을 시작하는 일은 쉽지 않다. 돼지농장의 수익성이 좋다 하더라도 키우는 돼지 마리수를 쉽게 늘릴 수 없기 때문에 가격 상승 →

생산량 증가 → 가격 폭락이라는 농축산업 분야의 고질적인 문제인 주기적인 가격 급등락을 피할 수 있을 것 같았다.

닭을 키우는 것도 생각해 보았다. 하지만 양계의 경우 국내 대기업들이 유통을 독점하고 있다. 양계의 이익은 유통 대기업들이 독점하고 생산자들은 아무리 열심히 닭을 키워도 겨우 생계만 유지하는 열악한 산업구조인 것이다. 다행히 돼지시장에는 아직 생산자를 좌지우지 하는 독과점 유통업자가 없고 도드람 양돈조합이나 부경 양돈조합 같은 생산자 조합들의 활동이 두드러졌다. 양돈 농가의 수익이 유통에 일방적으로 희생되는 상황은 아닌 것이다. 종합적인 분석을 통해 나는 귀농 후보 아이템 1호로 돼지농장을 점찍었다.

## 현장조사는 전문가의 힘을 빌려라

사전 시장조사를 통하여 방향을 잡았으니 현장조사를 할 차례이다. 하지만 나와 같은 비전문가가 혼자 현장에 가서 얻을 수 있는 것은 아무것도 없다. 아는 만큼 보이는 것이다. 나는 주변 지인을 통해 축산 전문가를 소개받아 돼지 키우는 방식에 대한 자세한 설명을 들었다.

돼지를 키우는 방식은 소와 같은 다른 축종과 달랐다. 엄마 돼지 '모돈'이 있다. 모돈은 교배를 통하여 새끼 돼지 '자돈'을 낳는다. 자돈을 6개월 정도 키우면 '비육돈,' 우리 식탁에 오르는 '식육용 돼지'로 성장한다. 모돈-자돈-비육돈으로 이어지는 순환 사이클이다. 돼지는 다산종 동물이다. 엄마 돼지가 한꺼번에 10마리 전후의 많은 새끼를 낳는다는 이야기이다. 결국 돼지농장이 돈을 벌기 위해서는 우선 모돈이 많은 자돈을 낳고, 태어난 자돈이 폐사하지 않도록 잘 키워, 매년 많은 비육돈을 출하하면 되는 것이다.

모돈 한마리가 일 년에 낳는 자돈 숫자를 PSY(Piglet per Sow per Year)라 하고, 모돈 한 마리당 키운 비육돈 숫자를 MSY(Marketed Pigs per Sow per Year)라고 한다. 마치 제조업의 생산성 지표처럼 돼지농장의 경쟁력은 이 두 가지 지표를 보면 알 수 있다. PSY와 MSY가 높으면 경쟁력이 있는 돼지농장이다.

PSY와 MSY는 어떻게 높일 수 있을까? 엄마 돼지가 많은 새끼 돼지를 분만하기 위해서는 사계절 안정적인 생장 환경과 충분한 영양이 제공되어야 한다. 좋은 환경은 좋은 사육 시설을 필요로 하며, 좋은 시설과 더불어 돼지의 영양과 건강 상태를 세심하게 관리하는 생산자의 손길도 농장의 생산성 향상에 아주 중요하다.

좋은 시설과 세심한 손길, 숫자로 표현될 수 있는 관리지표, 이 모든 것이 내게는 익숙하게 느껴졌다. 벼농사를 짓는다든지 소를 키우는 일은 왠지 목가적이고 전통적인 느낌을 갖게 되는 반면, 돼지농장은 시스템적이고 도시의 일반 기업들의 사업 방식과 비슷하다는 결론을 내렸다. 아무래도 도시 생활에 익숙한 내가 적응하기에는 돼지농장이 적당하다는 생각이 들었다.

나는 양돈업을 연구하며 머릿속을 반짝하고 스치는 가능성을 보았다. 나에게 양돈업은 '메모리 반도체 산업'과 비슷하게 느껴졌다. 반도체 산업의 성패는 수율, 웨이퍼 한 장에서 생산하는 반도체의 개수가 좌우한다. 수율을 높이기 위해서는 첨단의 생산 시설과 현장 생산자의 세심한 노력이 중요하다. 양돈업 과외를 받으며 나는 모돈은 웨이퍼, 비육돈은 반도체, PSY/MSY는 반도체 수율에 비교했다. 그리고 양돈장 시설과 생산자의 중요성을 생각하며 삼성전자의 반도체 공장과 직원들을 떠올렸다.

결론은 내려졌다. "돼지농장이다!"

수입 개방이 되더라도 한번 해볼 만한 업종, 제조업과 유사하니 내가 상대적으로 쉽게 적응할 수 있는 업종이 양돈업인 것이다. 시장조사도 끝났고 업에 대한 기초 지식도 갖추었으니 이제 직접 현장을 찾아갈 때가 되었다. 현장을 돌아보며 책상에서 내린 내 분석의 미진한 부분들을 보완해야 한다. 다른 한편으로는 양돈 농장에서 내가 할 수 있는 일, 내가 기여할 수 있는 일이 무엇인지를 찾으면 되는 것이다.

# 돼지농장, 어떻게 선택할까?

2010년 겨울 내내 관련 책과 인터넷 자료를 뒤적이던 나는 마침내 자료조사를 끝냈다. 계절은 봄으로 향하고 있었다. 나는 자료조사만으로도 새로 시작할 사업 아이템을 발견할 수 있어서 흐뭇했다. 하지만 새로운 사업 아이템으로 '돼지농장'을 결정하고 마냥 설레기만 한 것은 아니었다. 처음에는 정말 막막했다.

'돼지'는 고기라는 형태로 늘 내 식탁 앞에 놓였을 뿐, 진짜 살아 있는 돼지를 만나본 적이 거의 없기 때문이다. 보통 한 다리 건너면 있을 법도 한데, 내 주변 어디를 둘러봐도 돼지 키우는 사람이 없었다.

가까이 아버지의 고향, 합천 시골의 친척 어르신과 상의를 할까 생각도 해보았다. 하지만 벼농사, 밭농사 짓는 연로한 친척 어르신들만 계실 뿐이다. 만일 어르신들에게 '돼지 키우겠다'고 말씀이라도 올리면 서울에서 잘 살던 놈이 왜 나이 들어 돼지를 키우냐며 집안이 발칵 뒤집어질 일이다.

일단 내게 돼지에 관한 과외를 시켜준 수의사로부터 경기도, 충청도, 경상도에 소재한 농장 몇 군데를 소개 받아 견학 차원의 방문을 하기로 결정했다. 나는 확신에 찬 태도와 새로운 일에 대한 설레는 마음을 안고 고속도로를 달렸다.

돼지농장 현장은 어떤 모습일까? 내 머릿속에는 끝없이 푸른, 대관령 목장의 초록빛 언덕이 그려졌다. 구름 한 점 없는 파란 하늘 아래 한가로이 풀을 뜯는 가축들…. '아, 드디어 내가 목장 농장주가 되는구나.' 나는 기대에 부풀어 다소 낭만적인 상상을 하며 시골길을 따라 자동차를 몰았다.

## 푸른 초원 위의 그림 같은 농장은 없다

아담한 집들이 옹기종기 모여 있는 마을을 지나, 실개천을 따라 좁은 흙길로 들어서면 나지막한 야산 중턱에 돼지농장이 있다. 농장은 마을과는 좀 떨어진 곳에 위치해 있었고 농장의 모습은 천차만별이었다. 콘크리트 옹벽 위에 벽돌로 지어진 현대적 축사가 있는가 하면, 발로 툭 차면 와르르 무너질 듯한 낡은 넝마조각을 이용해 외벽을 얼기설기 얽어놓은 축사도 있었다.

나의 상상과 달리 푸른 초원 위의 농장은 없었다. 초원을 한가로이 거니는 돼지도 없었다. 현실의 돼지농장은 목가적인 풍경과는 거리가 멀었고 차라리 허름한 공장처럼 보였다.

"방문을 허락해 주셔서 감사합니다."

"네, 일단 출입할 때 소독부터 하시지요."

외부인을 맞아준 농장주에게 고마운 마음이 앞섰다. 2010년 겨울, 돼지농장들은 구제역으로 큰 타격을 입었다. 구제역을 피해 간 농장들도 질병에 대한 우려와 마음의 상처로 낯선 사람의 방문을 선뜻 받아들이기는 쉽지 않은 상황이었다.

농장주의 안내로 일단 농장 입구에 설치된 소독실에 들어가 소독을 했다. 만에 하나 내 몸에 묻어 있는 어떤 세균이 돼지에게 질병을 유발할지도 모르기 때문이다. 소독실을 거쳐 농장에 들어서니, 멀리서부터 은근히 느껴지던 악취가 본격적으로 내 후각을 자극했다.

"정말 축사 안을 둘러보시겠어요? 냄새가 많이 날 텐데…."

힘든 표정을 숨기려 했지만 아무래도 농장주가 눈치를 챈 듯했다.

"그럼요! 어렵게 방문을 허락해 주셨는데 가능하면 축사 안까지 둘러보겠습니다."

"그럼 옷부터 방역복으로 갈아입으시지요."

"네."

낯선 장소에서 옷을 갈아입기가 어색해서 나는 입고 간 옷 위에 방역복을 겹쳐 입었다. 농장주의 안내로 드디어 돼지가 살고 있는 축사로 들어갈 수 있었다. 축사 문을 열자 기분 나쁜 냄새로 가득한 공기가 후끈 내 얼굴을 덮쳤다. 성큼 들어간 축사는 분뇨 냄새로 가득했고 내부는 어두침침했다. 그리고 그곳에 수백 마리의 돼지가 무리지어 있었다.

강한 자극에 후각이 마비된 탓일까. 몇 분 지나자 냄새는 크게 거슬리지 않았고, 어둠에 적응한 내 눈은 축사 안의 돼지들을 살펴볼 수 있었다. 밀폐된 공간 안에 있는 돼지들의 모습이 하나둘씩 내 눈에 들어왔다. 축사를 빠져나올 때 물끄러미 나를 바라보던 돼지의 눈빛을 잊을 수 없었다. 어둡고 비위생적인 축사에서 지내는 모습이 애처로웠다. 농장주에게 물어볼 것도 많았지만 일단 농장을 빠져나오고 싶은 마음이 앞섰다.

"샤워를 하고 나가시지요."

"아닙니다. 괜찮습니다."

나는 농장주와 짧은 인사를 나누고 서둘러 농장을 빠져나왔다. 차를 몰고 고속도로에 올랐다. 옷에 밴 돼지농장의 악취가 차 안에 퍼졌다. 귀가하는 길에 고속도로 휴게소에 들러 간단히 요기를 하는데, 문득 분위기가 이상하여 주변을 둘러보았다. 내 몸에서 풍기는 악취에 불쾌한 표정을 짓는 사람들이 눈에 띄었다. 아뿔싸! 휴게소 이용자들에게 피해를 주는 듯하여 먹는 둥 마는 둥하고 서둘러 차에 올랐다.

직접 목격한 돼지농장은 내 상상과는 너무나 동떨어져 있었다. '내가 이렇게 열악한 환경에서 일을 할 수 있을까?' '똥물을 뒤집어쓰고 돼지를 키우는 현장에서 내가 무엇을 할 수 있을까?' '이럴 바에는 다른 업종을 찾아봐야 하는 건 아닌지….' 나는 생각이 복잡해졌다. 하지만 처음 가본 농장의 경험만으로 섣불리 판단할 일이 아니었다. 나름대로 시장조사 결과에 대한 믿음도 있었다. 나는 돼지농장 방문을 계속하기로 결심했다. 집에 도착하여 샤워를 하고 농장 방문할 때 입은 옷은 따로 세탁했다.

### '동업 형식'을 선택한 이유

첫 번째 농장 방문 경험에서 어느 정도 적응을 해서일까. 다음 방문한 농장에서 나는 평소 궁금하던 것에 대해 농장주와 한결 편하게 대화를 나눌 수 있었다.

"농장의 생산성이 궁금합니다. MSY가 어느 정도 되는지요?"

"글쎄요, 18 정도 되려나 모르겠네."

"농장의 돼지출하 실적이나 생산 관련 자료의 관리를 안 하시나요?"

"돼지농장 하면서 바쁜데 뭐 그런 것까지 신경을 쓰나."

"혹시 현재 돼지 마릿수나 올해 돼지출하두수를 저에게 알려주시면 제가 한번 분석해 보겠습니다."

"세무서에서 나온 분도 아니고 뭘 그런 것까지 알려고 그래요?"

나이가 지긋한 농장주는 별 걸 다 캐묻는다는 듯 성가신 표정이 역력했다.

세 번째로 방문한 농장에서는 대학에서 축산을 전공한 사십대 후반의 젊은 농장주를 만났다. 그 농장주는 돼지 마릿수, 돼지출하두수 등 생산 관련 자료를 체계적으로 관리하고 있었다. 나와 대화가 잘 통했고 돼지농장의 상황에 대한 여러 얘기를 들을 수 있었다.

"농장의 생산성이 좋은 듯합니다. 농장 경영의 제일 큰 애로 사항은 무엇인지요?"

"사료 가격이지요."

"사료 가격이요?"

"네, 아무래도 농장 시설을 확장하고 개보수 하다 보면 돈이 많이 들어갑니다."

"네, 그러시겠네요."

"그런데 돼지 가격이 항상 좋은 것도 아니고, 그러다 보면 사료를 외상으로 구매하게 되지요."

"네…."

"사료를 외상으로 구매하다 보면 사료 가격이 비싸집니다. 외상거래로 묶이니 사료 품질이 마음에 안 들어도 교체하기가 힘들지요."

"그럼 사료를 현금으로 구매할 자금만 있으면 경영이 많이 좋아지겠네요?"

"그럼요! 돼지 키우는 데 사료 값이 40~50%를 차지하니, 사료만 5% 정도 싸게 구매하면 농장 사정이 훨씬 좋아지겠지요. 왜요? 돈 좀 빌려주실래요?"

길지 않은 대화였지만 여러 농장을 다니다 보니 농장 분위기를 파악할 수 있었다. 농장의 경영실적은 농장에 따라 천차만별이었다. 생산 관련 자료를 체계적으로 관리하는 농장이 대충 돼지를 키우는 농장보다 생산성이 좋았다. 좋은 시설보다는 돼지를 키우는 농장주의 성실성이 더 중요해 보였다.

농장 시설 투자비용이 크기 때문일까. 대체로 농장들은 자기자본 대비 많은 부채를 안고 있었다. 부채비율이 높으면 금융기관이 돈을 더는 빌려주지 않는다. 이런 상황에서 할 수 없이 불리한 조건으로 사료를 외상으로 구매하는 농장들이 많아 보였다. 내 눈에 농장의 재무구조는 돼지 가격 폭락 같은 한두 번의 외부 충격만 받아도 존립이 휘청거릴

정도로 불안해 보였다. 하지만 성실하게 돼지를 잘 키우면 해볼 만하다는 생각이 들었다.

그리고 또 한 가지, 업계 분위기를 들어보니 의외로 도시에 나가 있는 자식들이 돌아와서 농장을 승계하는 경우가 드물지 않았다. 괜찮은 사업이 아니라면 굳이 자식에게 물려주려 하지 않을 것이다. 2세 승계 사례는 돼지농장이 해볼 만한 사업이라는 방증이었다.

돼지농장의 악취 등 열악한 환경이 마음에 걸렸지만 나는 돼지농장을 해보겠다는 본래의 생각을 밀고 나가기로 했다. 섣불리 결론을 내리기는 조심스럽지만 돼지농장에서 내 역할도 찾을 수 있을 듯했다. 농장의 경영관리를 체계화하고 농장의 재무구조를 개선하는 일에 관심이 갔다. 나의 사업 방식은 첫째, 농장에 지분 투자를 해서 농장의 부채비율을 낮추어 재무구조를 안정시키고, 둘째, 농장의 경영관리를 체계적으로 개선하는 것이 될 것이다.

새로 농장을 시작하기보다는 일종의 '동업 형식'이 적합하지 않을까 하는 생각이 들었다. 몇몇 농장을 방문하고 얻은 결론이었다. 이제 남은 일은 신뢰할 수 있는 성실한 농장으로서 '채무가 과다한 농장'을 물색하는 것이다.

# 파트너십을 구축하다

신뢰할 수 있는 성실한 농장으로서 채무가 과다한 농장. 내가 찾아야 하는 농장이다. 문제는 간단치 않다. 전국에 산재한 5천여 개의 농장 중 어느 곳이 신뢰할 수 있는 성실한 농장인지 알 길이 없다. 농장들이 상장회사도 아닌데, 신뢰할 수 있는 재무제표가 있는 것도 아니다. 나는 전국의 돼지농장과 양돈 시장에 정통한 파트너의 도움을 받아야 한다고 결론을 내렸다.

나에게 적절한 투자처를 소개해 줄 믿을 만한 파트너는 어디서 구할까? 곰곰이 생각에 잠겨 농장주들과 대화를 나누던 상황을 떠올려보니 문득 '돼지사료'가 머리를 스쳤다. 돼지 1마리를 6개월간 키워 출하하는데, 사료 값은 돼지 사육비용의 40~50%를 차지한다. 돼지농장에는 축사마다 원통형 사료 탱크가 있고, 탱크에 연결된 파이프 관을 통해 정해진 시간에 자동으로 돼지들에게 사료를 공급한다.

　돼지는 하루 2~3끼, 마리당 평균 2.5킬로그램 이상의 사료를 먹는다. 우리가 하루 세끼를 먹어야 하듯, 돼지도 매일 사료를 먹어야 한다. 그러니 어떤 경우에도 농장의 사료탱크에는 돼지가 먹을 사료가 넉넉히 채워져 있다. 돼지를 키우는 데 필수불가결한 먹거리, 사료! 자금 사정이 어려운 농장은 어쩔 수 없이 사료를 외상 거래하는 경우도 많았다.

　사료회사 트럭은 흙먼지를 날리며 매주 정기적으로 농장을 들락거린다. 농장에 들어온 트럭기사는 농장 직원과 반갑게 인사를 나누고 돼지 축사 옆 사료탱크에 사료를 쏟아붓는다. 농장을 전담하는 사료회사 영업직원은 음료수 한 박스를 사 들고 농장을 찾아온다. 농장은 사료회사 직원을 통하여 시장 동향에 대한 정보를 얻기도 하고 경영상의 조언을 구하기도 한다.

　외상 거래가 많아지면 사료회사는 농장이 외상을 잘 갚을 수 있는지 수시로 경영 상태를 모니터링 한다. 사료회사의 영업직원들은 새로운 거래처를 발굴하기 위하여 지역의 여러 농장을 누비고 다닌다. 나는 사료회사만큼 농장 사정을 잘 아는 곳이 없으리라는 추정 하에 사료회사를 수소문하기 시작했다.

## 사료회사 카길을 파트너로 삼은 이유

　우리나라에는 크고 작은 수십 개의 사료회사가 있다. 이를 크게 세 그룹으로 나누어 보면 농축협이 운영하는 사료회사, 하림과 CJ 같은 일반 기업, 카길 같은 해외 다국적 기업이다.

나에게 적합한 파트너는 어떤 회사일까? 나는 농장을 다니면서 고객서비스 만족도가 높은 회사는 어디인지 알아보고 틈틈이 사료회사를 방문해 회사의 특징을 살펴보았다. 사료회사들은 각각 특색 있는 영업 전략을 갖고 있었다. 저가 전략으로 사료를 판매하는 회사가 있는가 하면 좋은 서비스를 결합한 고가 정책을 구사하는 사료회사도 있었다. 어떤 회사는 자금력을 동원하여 거액의 외상 거래를 하는가 하면, 자금 사정이 어려운 농장을 인수하는 등 직접 양돈업에 뛰어드는 사료회사도 있었다.

여러 사료회사를 알음알음 알아보는 가운데 내 눈에 들어온 회사는 다국적 기업 '카길'이었다. 카길은 국내 돼지 사료시장 점유율 10%, 농축협에 이어 매출 2위를 기록하고 있는 회사이다. 고가격 정책을 유지하고 있는 카길 사료는 농장 경영진단 등 국내 어느 회사보다 뛰어난 서비스와 영업망을 자랑하고 있다. 처음에는 해외 다국적 기업이라는 이미지가 부담스럽기도 했지만, 전통 깊은 다국적 기업들이 그러하듯 회사의 경영 프로세스도 체계적이다. 특히 국내 일부 대형 사료회사와 달리 고객의 사업에 직접 뛰어들지 않는다는 원칙을 고수하고 있다는 점이 마음에 들었다.

양돈 사료업계의 선두주자로서 전국적인 농장 정보를 갖고 있을 것이며, 뛰어난 경영진단 서비스를 제공하고 있으니 국내 어느 회사보다 농장 경영에 대하여 해박할 것이다. 스스로 축산업에 뛰어드는 사료회사가 나에게 좋은 투자처를 소개해 줄 리 만무하다. 자기들이 먼저 투자할 것이기 때문이다. 나는 사료회사 카길의 문을 두드리기로 했다.

2011년 여름 어느 날, 경기도 분당에 있는 카길 본사 회의실에서 나는 우리 양돈 농가에 대한 의미 있는 이야기를 나누고 있었다.

"부장님, 저는 양돈 농가에 투자하고 경영에 참여하는 데 관심이 있습니다. 적당한 투자처를 소개해 주셨으면 합니다."

"아니, 그런데 왜 이 일에 관심을 가지세요?"

"제 생각에 양돈업은 1차 먹거리 산업이라 지속가능한 수익이 있어 보입니다. 재무구조가 개선되고 경영관리만 잘 이루어지면 더욱 안정적인 수익창출이 가능하다는 판단입니다."

"어떤 농장을 보고 싶으세요?"

"당장은 자금상의 어려움을 겪고 있지만 성실하게 농장을 꾸리며 경영관리가 필요한 곳을 찾고 싶습니다."

"네, 그러시군요. 돼지농장의 재무구조가 개선되고 체계적인 경영기법이 도입되면 참 좋을 듯합니다. 같이 좋은 비즈니스 모델을 만들어 보시지요."

당시 카길사료의 전략사업부를 맡고 있던 부서장은 대학에서 축산을 전공한 해외 유수의 MBA출신으로 국내외 농축산업 동향을 잘 읽고 있었다. 우리나라 축산업의 경영관리와 새로운 경영기법 도입에 관심이 많았다.

카길은 새로운 사업 모델을 만들어야 했고 신규 사업 개척 차원에서 나를 지원해 주었다. 당시 전략사업 부서장은 다른 부서로 자리를 옮겼지만 지금도 나의 든든한 비즈니스 파트너로서 새로운 사업 아이디어에 대해 대화를 나눈다. 서천, 평택, 포천, 양산, 정읍 등등 나는 카길 직원과 함께 전국의 돼지농장을 찾아다니기 시작했다.

## 금융권의 파트너를 찾아 다시 여의도로

처음으로 방문한 곳은 경기도의 한 대형 농장이었다. 지난 겨울 전국적으로 창궐한 구제역으로 돼지를 모두 살처분하고 농장은 텅 비어 있었다. 수천 마리의 돼지가 꿀꿀거리던 농장이 유령 도시처럼 텅 비어 있었으니 그 농장주의 마음은 어떠했을까? 모진 시련을 겪은 이 농장은 어떻게든 새로이 돼지를 입식하고 새 출발해야 했다.

"반갑습니다. 멀리까지 오느라 힘드셨죠?"

카길에서 방문 취지를 설명했는지, 농장주는 우리를 반갑게 맞아주었다.

농장의 생산성 관련 자료는 잘 정리되어 있었고 우리는 쉽게 본론으로 들어갈 수 있었다.

"농장의 자금 사정이 어렵군요."

"네, 돼지들을 모두 살처분해서 농장의 수입은 없고… 반면에 비용은 그대로 지출되지요. 당장 돼지를 입식해서 다시 일어서야 하는데 많이 힘드네요."

"제가 농장에 출자도 하고 경영에 참여하고 싶습니다."

"네, 말씀은 들었습니다."

"어느 정도 출자를 하면 될까요?"

"돼지를 입식하려면 10억은 있어야 합니다. 게다가 정부 보상금 지급이 지연되어 매일 빚은 늘어만 가니 여기에 5억은 더 필요합니다."

"굉장히 큰돈이 필요하시군요."

"그렇지요. 그런데 투자를 꼭 지분 출자로 고려하시는지요? 혹 이자는 제대로 쳐드릴 테니 빌려주시면 안 될까요?"

"금액이 예상보다 커서 다시 생각해 봐야 하겠습니다. 나중에 다시 연락드리겠습니다."

농장이 필요로 하는 자금 규모는 내가 감당할 수 없는 큰 금액이었다. 더구나 서울에서 온 낯선 사람이 농장의 지분을 갖는 데 대해 농장주는 부담을 느끼는 것 같았다.

구제역으로 수많은 돼지농장들이 돼지를 살처분했고, 텅 빈 축사에 돼지를 채우려는 농장주의 마음은 다급했다. 가뜩이나 전국적으로 돼지 마리수가 줄어든 와중에 돼지를 입식하려는 농장이 급증했으니, 입식 돼지의 가격은 폭등했다. 그만큼 새 출발하려는 농장의 자금 부족은 심해졌다.

이 농장을 방문한 뒤에 나는 구제역 후 절박한 농장의 상황을 잘 알 수 있었다. 또한 농장이 필요로 하는 자금이 내가 감당할 수준을 넘어선다는 사실과 도시의 벤처기업들과 달리 외부인이 농장의 지분을 갖는 데 대한 부담감이 크다는 점도 확인할 수 있었다.

"제 생각보다 상황이 어렵고, 필요한 자금의 규모도 의외로 큽니다."

"그렇지요, 자금이 어려운 농장의 한 사례로 소개해 드렸습니다."

"네, 알겠습니다."

"당장 어떤 결정을 내리기보다 전국의 다른 농장들을 방문해 보며 종합적으로 판단해 보시지요."

"네, 감사합니다."

카길 담당 부서장과 나눈 대화이다.

이후 카길의 소개로 여러 농장을 방문할 수 있었다. 농장들의 상황은 조금씩 달랐지만 공통점도 있었다.

곰곰이 생각해 보았다. 아무래도 내 사업 방식을 바꿔야 할 듯했다. 무엇보다 농장이 필요로 하는 자금 규모가 상상 이상으로 컸다. 서울에서 온 낯선 사람의 지분 투자를 꺼리는 농장주의 심정도 이해가 갔다. 큰 자금의 지원은 금융권에서 할 일이다. 그리고 금융기관과 같이 공신력 있는 기관이라면 농장들이 지분 투자를 받는 데 적극적일 듯했다.

'아무래도 금융권이 참여해야겠구나.' 나는 이렇게 결론을 내렸다. 마침 내가 금융권 출신이니 어려운 농가들을 위해 좋은 역할을 할 수 있을 것이고, 금융기관 입장에서도 좋은 투자 기회가 생기겠다는 생각도 들었다. 금융업을 떠났지만 금융권과 농축산업 사이에서 의미 있는 역할을 할 수 있으리라는 생각에 마음이 흐뭇해졌다.

축산업에 관련해서 카길이라는 파트너를 만들었으니, 이제 금융권의 파트너를 물색해야겠다고 결심했다. 금융이 내 출신 배경이니 파트너 찾는 일이 훨씬 수월할 거라는 믿음도 있었다. 여의도를 떠나 농촌을 찾아왔는데, 다시 농촌에서 여의도를 찾아가야 하는 것이다.

# 잘 안다는 건 착각이다

2011년 여름이 끝나갈 무렵, 나는 자산운용사 본점이 있는 여의도의 한 대형 빌딩 앞에 서 있었다. 자산운용사를 방문하는 내 손에는 심혈을 기울여 만든 우리나라 양돈 산업 분석 자료와 농장의 경제성 분석 자료가 들려 있었다.

정장을 입고 갈까? 아니면 편하게 일상복을 입고 갈까? 집을 나서며 잠시 고민을 하다 일상복을 입기로 했다. 더 이상 금융인이 아니었으니 형식에 얽매일 필요가 없다고 생각했다. 금융계를 떠난 지 채 1년도 되지 않아 다시 여의도를 찾아가는 내 마음은 들떠 있었다. 익숙한 장소에 대한 반가움도 있었고, 입장이 바뀌어 금융기관을 방문하는 느낌이 새롭기도 했다.

여의도는 증권거래소를 필두로 대형 은행, 증권사, 자산 운용사의 본사가 밀집해 있는 우리나라 금융의 중심지이다. 과거에는 금융기관이 주식, 예금 같은 단순한 상품을 판매하였다. 하지만 저금리 추세가 고착화되고 금융기관 사이의 경쟁이 치열해지면서, 조금이라도 수익성 있는 금융 상품을 개발해야 경쟁에서 살아남을 수 있는 시대가 되었다. 금융 전문가들이 당면한 가장 큰 과제 중 하나가 새로운 금융 상품의 개발이다.

내 손에는 새로운 금융 상품 개발을 위한 자료가 들려 있었고 나는 누구보다 자신이 있었다. 예전에 농업 관련 펀드 개발에 관심을 가진 적이 있었기에 더욱 이 일을 제대로 성사시킬 수 있다고 믿었다.

지분 투자를 위해 여러 농장을 둘러본 뒤에, 나는 국내 금융기관과 연계한 사업 방식을 카길에 제안했다. 사료회사 카길이 보유한 농축산 부문의 전문성과 우리 금융기관의 자금력을 합치면, 자금 사정이 어려운 축산 농가에 도움이 되는 금융 솔루션을 만들 수 있을 것이라 판단했다. 또한 조금이라도 수익성이 좋은 금융 신상품 발굴에 골머리를 앓고 있는 금융기관 상품 기획자들에게 좋은 투자 상품을 소개할 수 있다는 확신도 갖고 있었다.

## 양돈업을 위한 금융펀드는 없다

"이 상무님, 오랜만입니다. 잘 지내시지요?"

"네, 잘 지내고 있습니다. 지난번 통화에서 간략히 말씀드렸던 양돈 농장 투자 펀드에 대해 자세히 설명을 드리러 왔습니다. 금융권에 몸담았던 제 생각에는 농장과 투자자에게 모두 이익이 되는 상품을 개발할 수 있을 듯합니다."

"네, 관심이 많습니다. 더구나 이 상무님이 제안하신 건데요. 설명을 부탁드립니다."

나는 담당자에게 내가 구상한 양돈 농장 투자 펀드의 기본 개념에 대하여 상세히 설명했다. 양돈 산업이 먹거리 산업으로서 매출이 안정적이며, 과거 통계자료 분석을 해보면 다른 산업과 비교해 보아도 수익성이 있음을 설명했고, 이어서 구제역 이후 농장들이 많은 부채로 인해 어려움을 겪는 실상도 들려주었다.

"결론적으로 말씀드려서, 펀드에서 농장에 출자를 하면 좋은 결과를 기대할 수 있습니다."

"대출이 아니라 출자를 말씀하시는군요."

운용사 부서장이 나에게 반문했다.

"네, 부채비율이 높으니 사료도 비싼 가격에 매입해야 하고, 농장의 제반 비용이 많이 커지는 실정입니다. 지분 출자를 하여 농장의 자금 사정에 숨통을 열어주고, 사료 등의 외상 구매만 현금 구매로 전환해도 농장의 수익성은 큰 폭으로 개선됩니다."

"음, 구제역 같은 가축 질병으로 돼지가 몰살하면요?"

"물론 질병에 대한 위험이 있습니다. 하지만 가축에게 가장 치명적인 질병에 따른 피해는 가축보험에 가입하면 보상받을 수 있습니다."

"흥미롭군요. 저희가 적극적으로 검토를 해보겠습니다. 펀드구조는 어떻게 하면 좋을까요?"

순간 나는 '펀드구조 설계야 금융기관이 맡아서 해야지 왜 나에게 물어보세요?'라고 반문하고 싶었다. 하지만 나는 상품 설계는 내가 하겠노라 답하고 자리를 떠났다. 내가 못할 일도 아니었고, 무엇보다 자금으로 어려움을 겪고 있는 농장들을 생각하면 마음이 급했다.

일주일이 지났을까? 나는 펀드 설계안을 갖고 다시 해당 금융기관을 찾았다.

"저희가 리스크를 최소화할 수 있는 방법은 없을까요?"

회사 담당자가 나에게 물었다.

"우선 농장 운영과 관리에서 발생하는 위험은 카길의 전문가들이 관리 가능할 듯합니다. 그리고 저도 펀드에 가입을 해서 리스크를 함께 지겠습니다."

"네, 그건 알겠는데… 돼지고기 가격이 등락을 거듭하더라도 저희는 농장의 수익과 상관없이 확정 수익을 받았으면 좋겠습니다."

"리스크가 있으니까 일반 대출보다 높은 수익성을 기대할 수 있지요. 제가 드린 양돈 시장 분석 자료를 보시면 투자 리스크를 귀사에서 평가할 수 있을 것입니다."

"네, 주신 자료는 잘 검토해 보았습니다. 어쨌든 저희는 리스크는 지기 싫으니 좋은 아이디어를 부탁드립니다. 거듭 말씀드리지만 저희는 이 상무님의 제안에 아주 관심이 많습니다."

나는 담당자의 말에 의아함을 감출 수가 없었다. '리스크를 지지 않고 어떻게 더 많은 수익을 기대하지? 그리고 리스크를 감당할 자신이 없으면 그냥 포기하면 될 텐데 아주 관심이 많다니 이건 무슨 뜻인가?'

"기왕 신뢰의 표시로 펀드에 같이 투자해 주기로 하셨는데, 이 상무님이 리스크를 더 많이 가져가시면 어떨까요? 이를테면 후순위 투자를 이 상무님이 떠안아 주시면….”

"네…, 검토해 보겠습니다."

나는 짧게 답변을 하고 자리를 떴다.

'후순위 투자'란 다음과 같다. 요즘에는 금융기관이 신상품을 개발할 때 리스크와 수익을 분산하기 위하여 선순위와 후순위로 나누어 투자자를 모집하기도 한다. 보통 선순위 투자자는 투자에서 발생하는 수익을 먼저 지급받는다. 후순위 투자자는 대신 선순위 투자자에게 확정 수익을 지급하고 남는 수익을 지급받게 된다.

간단히 말해서 선순위 투자자는 고정 수익을 가져가고, 후순위 투자자는 선순위 투자자에게 수익을 지급한 뒤 손실이 발생하면 떠안고 이익이 남으면 가져가는 분배방식이다. 실질적으로 후순위 투자자가 선순위 투자자로부터 돈을 빌려서 투자하는 셈인 것이다.

나로서는 수긍하기 힘들었다. '같이 투자를 해보자는 취지에서 논의를 시작했는데, 나에게 모든 리스크를 전가한다?' 황당한 상황이었지만 딱 잘라서 거절하기는 힘들었다. 파트너십을 맺은 카길과의 신뢰가 중요했고 구제역 살처분 이후 자금난에 허덕이는 돼지농장주의 모습이 눈앞에 선했다. 나는 최선을 다해 금융기관과의 협의를 진행해 보기로 했다.

"제가 후순위 투자자가 되고 운영사가 선순위 투자자를 맡는 방안을 검토해 보겠습니다. 그런데 선순위 투자자는 몇%의 수익을 기대하는지요?"

"네, 7%는 되어야지요. 그리고 펀드를 만들고 관리하는 비용이 1%, 저희가 운용사니 운용 및 판매 보수도 2%는 되어야 합니다."

협의는 더욱 어이없게 흘러갔다.

"글쎄요, 제가 받아들이기 힘든 조건입니다."

"저희 운용 및 판매 보수는 양보하기 힘들고 투자 수익률이 7%는 되어야 투자자를 모집할 수 있습니다."

해당 운용사 담당자의 입장은 요지부동이었다.

"처음 저와 논의를 시작할 때와는 시각차가 있는 듯합니다. 애초에 이런 생각을 하셨다면 저에게 미리 말씀을 하셨어야죠."

나는 나직하고 단호한 목소리로 담당자에게 힘주어 말했다.

운용담당자의 바람은 이러하다. 운용사와 펀드에 10%의 비용을 지불하고 투자를 하라는 얘기이다. 양돈 시장 조사, 펀드 구성과 운영 전략 등은 모두 내가 수립하였는데도 말이다. 아무런 노력도 기울이지 않고 3%의 수수료와 7%의 투자 수익을 챙기려는 그의 사고방식을 이해할 수 없었다. 그럴 거면 차라리 내가 은행에 저리로 대출을 받아 투자하고 말겠다는 생각이 들었다.

나는 그곳과 논의를 중단하고 다른 금융기관을 만나보기로 결심했다. 그러나 만남이 거듭될수록 논의 중단에 이르는 시간은 오래 걸리지 않았다. 모두 처음 만났던 운용사와 별반 다르지 않은 입장이었다. 금융기관을 만나면 만날수록 마음이 무거워졌고 금융계에 대한 실망감도 커졌다. 오랫동안 금융업에 종사했기에 누구보다 금융기관을 잘 안다고 자부하였다. 하지만 그것은 착각이었다. 밖에서 접한 금융기관은

이기적이고 관료적이었다. 어떻게든 더 열심히 시장조사하고 새로운 도전을 하기보다는, 금융기관이라는 우월적 지위에 자족하며 안주하는 보신주의가 만연한 듯 보였다.

나는 금융기관에 있을 때, 정부나 공공기관의 관료주의와 보신주의를 비판한 적이 있었다. 그런데 밖에서 보니 금융기관이라고 다를 바가 하나도 없었다. '아! 내가 저곳에서 십여 년을 보냈구나.' 나름 자부심을 갖고 일했던 과거가 순간 모래성처럼 허무하게 느껴졌다.

나는 빌딩숲을 등지고 여의도를 빠져나왔다. 말끔한 정장을 차려 입은 여의도 금융가의 회사원들이 내 옆을 스쳐 지나간다. '나도 이들 중 한 사람이었는데….' 문득 그들이 낯설게 느껴졌다. 고액 연봉을 받고 있을 이들의 얼굴 위에 농촌에서 힘겹게 버티는 농장주의 모습이 오버랩 되어 지나갔다. 문득 '내가 어찌할 수 없는 현실이다'는 생각이 들었다. 나는 금융기관을 파트너로 생각했던 내 기대를 접었다. 허탈했다. 하지만 여기서 멈출 수는 없었다.

## 안 되면 직접 한다

나는 뜻을 같이 하는 사람들과 회사를 만들기로 결심했다. 이 회사를 모태로 농장에 투자를 할 것이다. 나는 내 사업 아이디어를 믿었다. 며칠 지나지 않아 카길 담당자를 만났다. 금융권과의 파트너십이 쉽지 않음을 설명하기 위해서였.

"부장님, 금융권과의 투자 펀드 조성이 쉽지 않을 듯합니다."

"대출이 아니라 농장에 직접 지분투자를 한다는 게, 금융권에서는 처음 하는 시도라 어려움이 많았던 모양이군요."

"네, 하지만 제가 생각한 사업 아이디어에 대한 확신이 있습니다. 제 회사를 통하여 직접 사례를 만들 생각입니다. 좋은 사례가 나오면 금융기관들이 검토를 하겠지요. 앞으로도 파트너십을 계속 유지했으면 합니다."

"네, 알겠습니다. 그런데 저희 회사 전임 회장님께서 이 대표님을 만나보고 싶어하십니다. 제가 만남을 주선하겠습니다."

"네, 알겠습니다."

몇 주의 시간이 흘러 나는 김기용 카길 전임 회장을 만나게 되었다. 김기용 회장은 과거 카길 한국 법인뿐만 아니라 중국 등 카길의 아시아 사료 사업 전반을 총괄한 농축산업계의 베테랑이다. 세계 최대의 글로벌 농업회사의 아시아 사업을 이끌었기에 국내뿐만 아니라 글로벌한 농축산업 동향을 훤히 꿰뚫고 있었다.

그는 나의 고민에 공감했다.

"이 대표님, 만나게 되어 반갑습니다. 글로벌 금융기관들은 농업 등 1차 산업 분야 투자에 적극적이지요. 하지만 우리 금융기관들은 사정이 다르더군요. 저 역시 그들의 소극적인 태도가 늘 아쉬웠습니다."

"네, 저도 금융권에 몸담았던 사람으로서 같은 아쉬움을 갖고 있습니다."

"이번에 성사되지는 않았지만 저는 이 대표님의 노력을 높이 평가합니다. 괜찮다면 저도 이 대표님의 회사에 주주로 참여하여 이 사장님의 노력을 후원하고 싶습니다."

"회장님께서 저희 회사에 참여해 주신다니 정말 고맙습니다. 저 역시 회장님의 농축산업에 대한 식견을 배우고 싶습니다."

2011년 봄, 나는 새로운 사업을 구상하며 자그마한 회사를 하나 만들었다. 처음에는 농장에 투자하여 경영관리를 할 목적으로 만든 1인 회사였다. 그러나 그해 가을, 보신주의에 빠진 여의도 금융권의 한계를 맛본 나는 이 회사를 좀 더 키워볼 생각을 가졌다. 양돈업 투자에 뜻을 같이 하는 사람들을 모아 증자를 하여 직접 투자에 나서기로 결심한 것이다.

김기용 회장과의 만남으로 뜻밖의 원군을 얻은 느낌이었다. 마침 옛날부터 알고 지내던 금융업계 후배도 회사에 동참했다. 나는 금융기관과의 협업 대신 직접 나서서 어려운 돼지농장에 투자하고 내 사업 아이디어를 실현하기로 결심했다. 회사를 떠난 지 1년이 다 되어가는 시점, 나는 이미 떠나온 길에서 다시 새 출발하기로 했다.

# 급히 먹은 밥은 반드시 체한다

회사를 증자하는 일은 순조롭게 진행되었다. 내가 만든 회사는 농축산업에 식견과 애정을 가진 주주가 모인 농업투자회사로서의 모양새를 갖춰 나갔다. 양돈 산업 투자에 관심이 없는 금융기관을 더 이상 만날 필요가 없으니 농장 투자 의사결정도 단순해졌다. 돌이켜보니 1년여 동안 겪은 시행착오의 시간이 아깝다는 생각이 들었다. 나는 농장 투자에 박차를 가하고 싶었다.

때맞춰 전부터 알고 지내던 수의사에게 연락이 왔다.

"이 대표님, 마침 대표님이 관심을 가질 만한 돼지농장이 홍성에 있으니 한번 방문해 보시지요."

"네, 좋습니다."

나는 궁금함과 설렘을 안고 충청남도 서해안 부근에 위치한 홍성으로 향했다.

내가 소개받은 농장은, 대학에서 축산업을 전공한 40대 후반의 대표 이사와 축산 관련 일을 하는 또래의 젊은 출자자들이 만든 법인 농장이었다. 미리 전달받은 자료에 따르면 농장은 생산성이 전국 상위 5% 안에 들어갔다. 그런데 최근에는 농장 축사를 무리하게 신축했고, 새로 지은 축사에서 본격적으로 돼지를 키울 시점인데 구제역 피해까지 겪고 있었다. 축사 신축에 돈을 퍼붓고 급기야 구제역까지 겹쳐서, 농장은 극심한 자금난에 시달리고 있었다.

### 신속한 결정과 조급한 결정은 다르다

처음 만난 자리, 대표이사의 표정은 어둡고 초조해 보였다.

"보내주신 자료를 보면 농장의 생산성이 매우 좋습니다."

나는 내가 파악한 자료를 기반으로 질문을 이어갔다.

"네, 보내드린 자료대로입니다. 이번에 신축한 축사에 돼지를 키우면 생산성은 더욱 좋아질 것입니다."

농장 대표의 답변이었다.

"농장의 현황은 어떠한지요?"

"지금 방문하신 곳이 본장, 그러니까 본사에 해당되는 농장이고 여기서 십여 킬로미터 떨어진 곳에 제2농장이 또 있습니다. 참고로 제2농장은 우리 법인이 임대를 해서 쓰고 있습니다."

신축한 본장 축사를 제대로 활용하지 않은 상태에서 고비용 구조의 임대 농장을 운영하고 있었다. '어려울수록 회사는 핵심 업무에 역량을 집중해야 하는데….' 나는 좀 의아했다.

"자금 상황은 어떠한지, 그리고 자금은 어디에 사용하실 건지요?"

나는 궁금증을 가지고 질문을 이어갔다.

"자금이 어려워 외상으로 사료를 쓰다 보니 사료를 싸게 들여올 수 없습니다. 그리고 신축한 농장에 빨리 모돈을 데려다 넣어야 하는 상황입니다. 자금이 들어오면 모돈을 사고 외상도 갚아야지요."

자금 사정이 어려운데 엄마 돼지를 새로 들여와야 한다는 설명은 상식적으로 이해가 가지 않았다. 농장이 모돈을 입식하여 비육돈, 즉 '내다 팔 수 있는 돼지'를 사육하는 데는 1여 년의 시간이 걸린다. 이 기간 동안은 매출 없이 돼지 신규 입식 자금과 돼지 키우는 비용 지출만 크게 발생한다.

자칫 돼지를 출하할 시점에 돼지고기 가격까지 하락세가 되면 농장은 큰 어려움에 직면한다. 비행기 이륙단계처럼 이 시기가 농장 경영에서 가장 위험한 때이다. '가뜩이나 자금이 어렵다면서….' 나는 농장 대표의 경영계획에 의구심을 가질 수밖에 없었다.

"재무제표와 생산 자료는 보았습니다. 저희가 실사작업을 해봐야 하겠습니다. 그 결과를 살펴보고 출자여부를 결정하겠습니다."

원칙적으로는 재무제표만 제대로 작성되어도 회사의 손익이나 경영 상황을 파악할 수 있다. 하지만 중소영세기업에게 이러한 정확성을 기대하기는 힘들다. 특히 자금 사정이 어려운 법인들은 가급적 매출실적이나 재무상황을 좋게 포장하려는 경향이 있다. 우리가 방문한 농장은 아직 제대로 된 기업의 틀을 갖춘 것 같지 않았고, 자금 압박이 심한 상황이었다.

나는 철저한 실사작업을 거쳐야 한다고 생각했다. 그때 내게 농장을 소개해준 수의사가 한마디 거들었다.

"이 대표님, 지금 이 농장의 상황이 어렵고 시간이 촉박합니다. 믿을 수 있는 친구이니 실사작업은 최대한 신속하게 해보시죠."

순간 마음의 갈등이 생겼지만 나는 수의사의 의견을 존중하기로 했다. 간이 실사과정에서 몇 가지 마음에 걸리는 것이 있었지만 무시하고 넘어갔다. 그리고 나 스스로도 서두르는 마음이 컸다.

간단한 실사를 거친 뒤 나는 몇 가지 전제조건을 달고 출자를 진행하였다. 전제 조건은 기존 출자자가 참여하는 법인 이사회의 활성화, 우리 회사의 농장 재무관리 참여, 끝으로 월 1회 이사회를 개최하는 것이다. 농장 투자에 대하여 파트너인 카길의 의견을 들어볼까 생각도 해보았다. 하지만 이 농장이 카길이 아닌 타 회사의 사료를 쓰는 상황이라 선뜻 카길의 조언을 청하기가 어려웠다.

### 문제는 또 다른 문제를 부른다

의문의 씨앗을 품은 상태로 어떤 일을 처리하다 보면 꼭 문제가 따르기 마련이다. 아니나 다를까. 투자를 한 뒤, 사실상의 실사 단계를 생략한 것을 후회하기까지는 오랜 시간이 걸리지 않았다.

실제 뚜껑을 열어보니 상황은 더 심각했다. 돼지출하두수나 생산실적은 계획을 한참 밑돌았다. 이를테면 경영계획상에 7월에 출하할 비육돈이 800마리라 한다면 실제 출하되는 돼지는 700마리, 이런 식이다. 또한 농장 생산성의 근간이 되는 자돈 번식 성적도 기대에 못 미쳤다. 이전에 보여준 자료에 따르면 내가 출자한 법인은 상위 5%의 생산성을 자랑했다. 하지만 실제 생산성은 전국 평균보다 약간 웃도는 실망스러운 결과가 매월 이사회에 보고되었다.

상반기 이사회가 열렸다. 농장 대표는 한꺼번에 많은 모돈을 입식하겠다는 경영계획을 얘기했다. 위험한 발상이었다. 주식투자에서도 한 종목에 올인하기보다 분산투자가 원칙이듯이, 모돈 입식도 차근차근 해야 한다. 한 시점에 몰린 돼지는 집단적인 질병 감염에 노출될 수 있다. 그리고 한꺼번에 출하가 몰릴 때, 돼지 가격이 하락하면 농장은 큰 손실을 입게 된다. 농장의 다른 출자자들은 반대했다. 하지만 농장 대표는 완강했다.

"돼지의 질병은 제가 책임지고 관리하겠습니다. 그리고 지금같이 돼지고기 가격이 비쌀 때 출하를 많이 해야 더 많은 이익을 낼 수 있습니다."

농장 대표의 단호한 주장에 밀려 사람 좋은 출자자들은 결국 대표의 고집을 꺾지 못했다. 구제역 때문에 전국적으로 출하되는 돼지 마릿수가 감소하여 돈가는 2012년 상반기까지 고공행진을 이어갔다. 농장 대표는 마음이 더욱 다급해졌다. 높은 돈가가 유지될 때 돼지를 한 마리라도 더 많이 출하하고 싶은 욕심이 앞섰기 때문이다.

하지만 농장 대표의 고집이 오판이었음을 확인하는 데는 오랜 시간이 걸리지 않았다. 질병 감염으로 돼지들의 상태가 급격히 나빠졌다. 엎친 데 덮친 격이라 할까…. 그해 여름 유래 없는 폭염이 전국적으로 기승을 부렸고, 급기야 부실한 농장 관리와 축사 환기 시설 미비로 몇 백 마리의 어린 돼지들이 무더위로 쓰러졌다. 생산성은 급전직하 했다. 그나마 돈가가 고공행진을 한 덕분에 농장은 간신히 적자를 모면하는 상황에 몰렸다.

# 부도 위기 농장을 살리다

살얼음판을 걷는 불안한 상황은 오래가지 않았다. 정부는 물가 안정 차원에서 무관세로, 수입업자에게 운송비까지 보조해 주면서 돼지고기 수입을 확대하기 시작했다. 수입된 돼지고기는 시장을 융단 폭격했다. 폭염이 지난 가을, 농장이 채 숨을 돌리지도 못했을 때 돼지고기 가격은 사상 최대의 폭락세를 이어갔다. 그나마 고돈가로 적자를 면하던 농장은 적자로 전환되고 실적은 급격히 악화되었다. 우리 회사와 기존 출자자들이 많은 자금을 지원했으나 농장 대표의 오판과 부실 경영으로 이 자금을 다 까먹는 데는 그리 오랜 시간이 걸리지 않았다.

2012년 늦가을 어느 날, 한 통의 전화벨이 울렸다.

"이 대표님, 농장이 사료회사 외상을 갚지 못하고 있습니다. 이대로 두면 농장은 부도처리 됩니다. 조처를 취해주십시오."

나는 경악을 금치 못했다. '상황이 그렇게 나쁠까? 농장에서 제출한 자료를 보면 그 정도는 아닌데….' 다른 한편 올 것이 왔다는 생각도 들었다. 나는 출자자 긴급회의를 소집했다.

"대표님, 빨리 사료 회사에 가서 사료 외상문제부터 해결해야지요."

"죄송합니다…."

농장 대표는 죄송하다는 말만 할 뿐 여러 질문에 답변을 내놓지 못하고 의기소침 묵묵부답이었다. 힘든 상황을 정면으로 부딪쳐 해결하겠다는 의지는 고사하고 이미 스스로 무너져 내린 듯했다. 농장의 컨트롤 타워는 와해되어 있었다. 농장 대표에게 어떠한 경영적 대안을 묻는 것이 무의미함을 나는 직감했다.

"일단 비상경영체제로 전환해야 할 듯합니다. 대표이사 대신 이사회가 중심이 되어 힘든 난국을 타개해야 합니다."

나는 다른 출자자에게 제안했다.

"네, 동의합니다."

모든 출자자들이 같은 생각이었다.

나는 비상경영체제로 전환한 이사회의 간사 역할을 맡았다. 다른 출자자들은 모두 축산 현직에서 일하고 있는 터라 수시로 본 농장을 오길 수 없었기 때문이다. 당면한 문제가 단순히 사료 및 자금 문제만은 아니었다. 농장의 사기도 떨어진 상황이고 생산성도 악화 일로였다.

비상이사회는 사료 및 자금 문제, 농장 현장 관리, 인사 및 일반 관리로 나누어 상황에 대처하기로 했다. 농장 대표가 사료회사 만나기를 꺼려했고, 자금 문제가 걸린 상황이라 사료 및 자금 문제는 내가 맡기로 했다. 나는 카길의 전문가에게 농장점검을 의뢰할 것을 제안했다. 인사 및 일반 관리는 우리 회사의 주주인 내 후배가 참여하기로 했다.

나는 우리 농장이 거래하는 사료회사와 미팅을 하였다. 상황은 절망적이었다. 이미 농장은 몇 주 전부터 외상을 갚지 않고 있었다. 돈 문제로 돼지를 굶길 수는 없는 노릇이라 사료 회사는 외상대금을 받지 못했지만 사료를 공급해 주고 있었다. 하지만 선의도 한계가 있는 법, 사료회사의 인내도 한계 상황에 와 있었다.

"저에게 한 달의 말미를 주십시오. 어떻게든 해결책을 내놓겠습니다."

내 제안에 대한 사료회사 책임자의 반응은 냉담했다.

"왜 농장 대표가 직접 오지 않고 다른 분이 오셨나요? 몇 번에 걸친 상환 약속을 지키지도 않았고 연락도 제대로 닿지 않고…. 저는 더 이상 농장을 신뢰할 수 없습니다. 일주일 안에 대안을 내놓지 않으면 부도처리 하겠습니다."

난생 처음 겪어보는 빚 독촉이었다. 나는 출자자들을 모아 절박한 상황을 전했다. 모두 암울한 분위기였다.

"이대로 있으면 공멸입니다. 일단 농장을 살리고 봐야 합니다. 모든 출자자들이 농장의 외상, 채무에 대한 보증을 설 것을 제안합니다. 저부터 앞장서겠습니다."

나의 제안에 출자자들은 모두 고개를 끄덕였다. 그나마 불행 중 다행이랄까. 모든 출자자들이 내 제안에 동참했고 한마음이 되어 사료 외상채무에 대한 보증을 섰다. 모든 출자자들이 서명한 외상채무 보증서를 입수한 사료회사 담당자는 외상채무 상환 기일을 연장해 주었다. 그렇게 부도를 간신히 모면하고, 돼지를 굶기는 최악의 상황은 피할 수 있었다. 그리고 출자자들은 십시일반 저축한 자금을 회사의 증자 자금으로 보탰다.

### 농장의 구원투수로 나서다

급한 불은 껐지만, 카길 전문가에게 의뢰한 농장 진단 결과는 더욱 절망적이었다.

"이 대표님, 상황을 있는 그대로 말씀드려도 될까요?"

"물론입니다."

"농장의 돼지 상태가 최악입니다. 그리고 축사 환기 시설도 전면 보완해야 합니다."

"올해 새로 구입한 신규 모돈입니다. 축사도 최근에 신축했는데….”

"네, 하지만 돼지를 제대로 관리하지 않아서 상태가 아주 안 좋습니다. 새로 지은 축사이지만, 우리나라 실정을 제대로 감안하지 않아서 이대로 끌고 가면 더 심각한 돼지 집단 폐사의 우려가 큽니다."

카길의 한 전문가는 나에게 더 직설적으로 얘기했다.

"이 대표님, 농장이라는 곳이 어정쩡하게 관리해서는 돌아가지 않습니다. 조만간 누군가는 농장 현장에 들어가 돼지와 함께 먹고 산다는 각오로 책임경영을 해야 할 겁니다."

출자자들의 농장 경영에 대한 불신이 점점 커져만 갔다. 부실한 기업은 재고 현황부터 확인해 보듯, 나는 장부상의 사육 돼지 마릿수와 실제 마릿수가 일치하는지를 점검해 보았다. 우려한 대로였다. 장부상의 돼지 두수와 실제 마릿수 사이에는 현격한 차이가 있었다.

투자 당시 농장 대표가 나에게 보여주었던 최고의 생산실적 자료는 어찌된 것일까? 알고 보니 그 자료는 본장보다 훨씬 규모가 작은 제2농장의 과거 실적이었다. 본장의 생산성은 이에 훨씬 못 미쳤다. 실망스러운 생산실적을 감추려면 실제보다 돼지를 많이 키우고 있다고 장부를 조작하면 된다. 대신 장부상의 돼지 마릿수와 실제 마릿수의 오차가 발생한다.

이런 오차를 영원히 감출 수는 없다. 결국 돼지를 판매할 때가 되면 이 오차는 드러나기 마련이다. 매월 계획보다 실제 출하 마릿수가 적었던 이유도 여기에 있었던 것이다.

급기야 농장이 월급을 제때 주지 못하는 상황까지 몰리면서 농장 직원들이 동요하는 분위기가 역력했다. 사표를 내는 직원도 나타났다. 일종의 집단지도체제라고 할까, 농장에 문제가 생길 때마다 비상이사회를 열어 출자자들이 회의를 거듭했다. 그나마 다행인 것은 출자자들이 모두 젊은 축산인들이어서, 모여서 고민을 하다 보면 적절한 대안이 도출되었다.

하루살이처럼 그때그때 고비를 넘기며 연명하기를 몇 개월이나 했을까? 2012년 가을 시작된 비상경영체제는 2013년 봄까지 이어졌다.

여전히 농장의 미래는 안개 속을 걷는 듯했고 낮은 돼지고기 가격 시세가 지속되면서 농장의 분위기는 암울했다. 하지만 어려운 고비를 하나씩 넘기며 나를 포함한 출자자들 간에는 신뢰가 싹텄다.

2013년 봄이 지나, 어느 비상이사회 회의에서 농장 대표가 사임 의사를 밝혔다. 농장이 비상이사회 체제로 운영되고 있어 경영상의 공백은 없었다. 하지만 농장이 계속 비상경영체제로 유지될 수는 없었다. 누군가 새로운 대표가 농장을 책임지고 이끌어 나가야 했다.

"이 대표님이 농장 대표를 맡아보시지요."

한 출자자가 제안했다.

"전 금융계 출신이고 돼지농장 경험이 일천하니 자격이 없습니다."

나는 고사했다. 하지만 출자자들의 생각은 달랐다.

"돼지 키우는 고민은 함께 하면 됩니다. 지금 농장에 필요한 것은 체계적인 경영관리와 재무관리가 아닐까 합니다. 그동안 비상이사회 간사로서 역할을 잘 해왔으니 오히려 이 대표님이 농장 대표를 맡기에 적임자가 아닐까요?"

언제 망할지 모르는 농장의 대표를 누가 맡으려 하겠냐는 생각도 들었다. 돌이켜 보니 위기 상황에 대처하면서 언제부턴가 나는 서울보다 홍성에서 보내는 시간이 많아졌다.

2010년 금융권을 떠나서 힘들게 시작한 돼지농장 투자다. 농장이 파산하면 나에게도 더 이상 퇴로가 없어 보였다. 기왕 시작한 일, 나는 후회 없이 최선을 다해보는 것이 낫다는 결론을 내렸다.

"네, 출자자 여러분의 생각이 그러하다면 제가 대표를 맡겠습니다."

금융기관 임원자리를 박차고 나온 지 3년차, 어느덧 나는 침몰 직전 돼지농장의 대표가 되었다. 투자자로 시작하려던 내 인생의 2막이 농축산인으로 바뀐 셈이다.

나를 필요로 하는 곳이 있고 도전할 일이 많다는 사실이 고맙게 느껴졌다.
고층 건물 사무실의 멋진 자리가 아니어도 좋다.
농장 대표로 내가 서 있는 이 자리에서
스스로 꿈꾸는 농장을 가꾸어 나가기로 결심했다.

## Part 2

# 돼지농장으로 출근하다

# 꼴찌 연봉의 돼지농장 CEO로 사는 법

　　　　　　　　　　새벽 3시 반, 어둑한 밤을 넘어 새벽으로 향하는 날씨는 초가을이지만 무척 쌀쌀하다. 곧 돼지출하가 이뤄진다. 밤새 곤히 잠든 비육돈 돼지를 깨워 새벽 4시에서 5시경 길을 떠나보낸다. 돼지출하는 도축장 문을 여는 시간에 맞춰 진행된다. 가까이는 홍성 도축장, 멀리는 경기도 부천 도축장까지 출하 트럭은 수십 마리의 돼지를 싣고 교통체증시간을 피하여 고속도로를 달린다.

　돼지출하를 앞둔 농장의 새벽은 분주하다.

　"대표님, 커피 한 잔 혀유…."

　출하 트럭의 기사는 새로 대표를 맡은 나에게 믹스 커피 한 잔을 권하며 인사를 건넨다.

　"아… 고맙습니다. 새벽 날씨가 생각보다 춥네요."

나는 얼른 커피를 받아들었다. 종이컵 가득 달콤한 커피 향과 뜨거운 온기가 몸의 한기를 녹여준다. 잠깐의 휴식을 마치고 직원들을 도와 돼지출하 과정에 참여한다. 돼지출하는 매주 1~2회 정기적으로 이뤄지는 농장의 주요 업무다.

나는 돼지농장에서 이뤄지는 모든 현장 업무를 경험하고 싶었다. 출하 트럭에 올라탔다. 15톤이나 되는 출하 트럭은 천천히 바퀴를 움직여 중량 계량대로 향한다. 표지판에 아직 돼지를 싣지 않은 빈 트럭의 무게가 표시된다. 트럭이 농장의 돼지를 싣고 다시 계량대에 올라가면 출하할 돼지의 총 중량을 알 수 있다. 전체 무게에서 아까 쟀던 빈 트럭의 무게를 빼면 되는 것이다.

돼지출하 과정은 의외로 까다롭고 조심스럽다. 자칫 방심하여 우르르 나가는 돼지 무리의 앞쪽에 서 있다가는 돼지에게 받힐 수 있다. 또한 외부에서 묻어오는 균에 대한 작은 소홀함이 곧 농장의 피해로 이어질 수 있다.

차량이 농장 입구에 도착하면 우선 차량 소독부터 한다. 출하 차량에 묻어 있을지 모르는 바이러스나 유해균을 살균하기 위해서다. 트럭이 돼지 축사 인근에 있는 출하대에 차를 가까이 가져다 대면 농장 직원들은 축사 문을 활짝 열어서 그날 출하할 비육돈 돼지를 몰고 나온다.

출하할 돼지는 출하 하루 전날, 한 마리씩 몸무게를 따로 재서 115킬로그램 가량 되는 놈들만 골라 빨간 스프레이로 등짝에 표식을 남긴다. 오늘은 모두 90마리를 출하한다.

새끼 돼지인 자돈에서 비육돈까지, 약 6개월을 살고 고기가 되어야 하는 돼지의 운명을 생각하면 한편으로는 미안한 마음이 들지만, 그 기간 동안이라도 이곳 농장에서 잘 커주었음을 감사하며 우리 직원들은 정성껏 키운 돼지를 내보낸다. 잠에서 깬 돼지들은 느닷없이 이뤄지는 새벽 외출(?)에 화들짝 놀라 축사 떠나기를 거부하는 녀석들도 있지만, 대부분은 순순히 말을 들으며 트럭에 오른다.

"워워워…… 저 녀석을 이쪽으로 몰아주세요, 대표님."

100여 킬로그램이나 되는 거구의 돼지 90마리가 새벽어둠을 뚫고 농장을 나서는 광경은 한 마디로 긴장감 감도는 순간이다. 이렇게 트럭에 한 가득 돼지를 싣고 나갈 즈음이면 먼 하늘에 붉은 빛이 물들며 여명이 밝아온다. 이제 곧 농장의 하루가 시작될 것이다.

### 중요한 문제부터 하나씩 차근차근

자의반 타의반으로 농장 대표가 되고 난 뒤, 나는 이틀 치 옷가지와 칫솔, 치약 등 몇 가지 생활용품을 챙겨 넣은 가방 하나 달랑 들고 홍성에 내려왔다. 나는 이제 서울에서 내려온 투자자가 아니다. 농장 사무실에 찾아와 농장 대표가 보고하는 돼지출하 두수와 재무제표를 보며 농장 경영에 훈수를 두는 외부손님의 입장이 될 수는 없다. 그전에는 농장이 잘 안 되더라도 내 책임이 아니었지만 이제부터 농장 경영의 성과는 오롯이 나의 책임이다.

한치 앞이 안 보이는 상황, 하지만 사후적인 경영 결과를 놓고 전전긍긍하는 대신 내가 직접 문제 해결에 나서니 오히려 마음이 차분해졌다. 호랑이에게 물려가도 정신만 차리면 된다고, 이제 해결을 위한 문제점 파악에 나서면 된다. 그리고 중요한 문제부터 하나씩 차근차근 풀어가야 한다.

농장의 대표로서 내게 제일 급한 일은 농장 현장을 이해하는 것이다. 돼지 키우는 농장은 현장에서 다양하고 즉각적인 의사결정을 해야 한다. 내가 내린 의사결정이 갖는 의미가 무엇인지부터 잘 알아야 한다. 다른 한편, 내가 염려한 부분은 우리 농장 직원들의 사기 문제였다. 가뜩이나 부도 직전까지 몰린 농장의 분위기가 좋을 리 없다. 엎친 데 덮친 격으로, 그 와중에 투자자가 농장의 대표가 되었다. 입장을 바꿔놓고 생각해 보면, 금융기관에서 일하던 서울깍쟁이가 난데없이 농장 대표가 된 셈이니 현장 직원들의 입장은 매우 당황스러웠을 것이다.

문득 예전 직장에서 전임 임원의 부서를 넘겨받아 정리해고를 떠맡아야 했던 기억이 떠올랐다. 당시 나는 자리에 앉아 문서로 부서 담당자들의 업무 보고를 받는 것으로 일을 시작했다. 하지만 지금 내가 있는 농장은 정리된 문서로 모든 것이 오가는 시스템이 잘 갖춰진 금융기관이 아니다. 농장은 생물인 돼지를 먹이고 분뇨를 치우고 질병을 점검하는 노동이 주요 업무인 공간이다. 그런 만큼 농장 직원들이 새로 온 대표의 눈치를 보거나 보고에 신경 쓸 상황이 아니다. 현장이 더 중요하다. 나는 농장 작업복으로 갈아입고 곧장 축사로 향했다. 현장 속에서 직원들을 만나고 그들의 고충을 듣고 싶었다.

내 예상대로 농장 직원들의 사기는 바닥이었고 동요하는 분위기가 역력했다. 일부 현장 직원들은 사표를 내고 짐을 싸고 있었고, 양돈에 전문성을 갖춘 실력 있는 농장 직원들은 이미 다른 농장으로부터 입사 제의를 받고 고민하는 중이었다. 유능한 핵심 직원들이 사직하면 농장 운영은 와해될 수밖에 없다. 그렇다고 이미 마음이 떠나 짐을 싸고 있는 직원들을 붙들 대안도 없었다. 설사 붙든다고 해서 농장이 제대로 돌아갈 것 같지도 않았다.

아직 농장의 현장 업무를 꿰뚫진 못했지만, 제1농장인 본장과 제2농장으로 분산 운영하고 있는 농장 실태를 볼 때, 직관적으로 나는 방만한 경영부터 손을 대야 한다는 결론을 내렸다. 나는 제2농장을 처분하기로 했다. 그리고 짐을 싸는 직원들은 굳이 붙들지 않았다. 농장 한 곳을 처분하니 다소나마 자금 조달에 숨통을 틔울 수 있었다. 당장은 농장의 규모가 축소되어 아쉬웠지만, 나를 믿고 남아준 직원들과 함께 본장 경영에 집중할 수 있었다.

현장을 접하며 내가 첫 번째로 느낀 것은 현장 직원의 소중함이다. 돼지는 공장에서 조립되는 전자제품 같은 무생물이 아니라 살아 있는 생물이다. 그만큼 돼지를 돌보는 현장 직원들의 세세한 돌봄과 관심이 중요하다.

농장이 살아남으려면 비용을 절감해야 하고 필요한 경우 인적 구조조정이 필요할지도 모르는 상황이었다. 하지만 나는 인적 구조조정은 하지 않겠다고 선언했다. 그리고 현장 직원들의 급여는 그대로 유지하거나 필요한 경우 인상하였다. 대신 아직 근무 중이던 전임 농장 대표 같은 관리직 직원의 급여는 대폭 삭감했다. 농장 대표로서 받는 나의 급여 역시 농장에서 가장 낮은 수준으로 결정했다. 그리고 다른 농장의 입사제의를 받고 이직을 고민하던 직원들과 대화를 나누며 농장에 남아줄 것을 간청했다. 때로는 직원의 집을 방문하여 차려준 술상을 마주하고 농장의 앞날에 대하여 이야기를 나누기도 하였다.

내 진심이 통했을까? 고맙게도 직원들은 사직하지 않고 어려운 농장이 정상화되도록 힘을 보태주었다. 현장 일을 거들며 현장 직원들의 얘기를 경청하였다. 현장 책임을 맡은 농장장에게 농장에 가장 시급한 현안이 무엇인지를 물어보았다.

"농장장님, 현장에서 일하시는 데 가장 큰 애로사항이 뭐가 있으신 가요?"

"당장 환기 시설을 손보지 않으면 돼지가 큰일나유…."

"환기 시설을 어떻게 해야 하지요?"

"고장 난 환기팬을 교체하고 추가로 더 달아야 혀유."

당장 환기 시설을 개보수하지 않으면 돼지 건강에 큰 타격이 있을 것이라는 의견이었다. 축사에 들어가 보니 분뇨에서 발생한 가스가 후덥지근한 공기와 뒤섞여 코를 찔렀다. 숨이 막혔다. 환기가 원활하지 않음을 단번에 알 수 있었다. 사람이야 때때로 축사를 드나들지만 이곳에 24시간 머물러야 할 돼지의 상태가 어떠할지는 돼지 사육의 초보자인 나도 바로 직감할 수 있었다.

'당장 농장 지붕을 뚫어 환기팬을 추가 설치하고 작동하지 않는 팬들은 교체해야겠어. 하지만 농장 시설을 개보수할 자금 여력이 없는데 어떡해야 하나…. 무슨 방법이 없을까?'

나는 급한 대로 내 개인 신용을 끌어서 시설공사를 하기로 결심했다. 일반 경비는 최대한 아껴야 했다. 주말 어느 날, 주문한 환기팬이 농장에 도착했다. 아침부터 전 직원이 나와 축사 지붕에 올라갔다. 높은 축사 지붕에는 전기 톱 소리, 망치 소리가 온종일 울려 퍼졌고, 저녁 노을이 축사 지붕을 붉게 물들일 즈음에야 우리들은 지붕에서 내려올 수 있었다. 환기팬 교체 작업이 끝났으니 이제 우리 돼지의 숨통이 조금은 트일 것이다.

하루하루 현장을 접하니 농장의 실제 운영 상황이 눈에 들어왔고, 나는 당장 어떤 일을 해야 할지 감을 잡을 수 있었다. 농장 대표 직함을 떠나서 내가 우선적으로 해야 할 일은 현장 직원들이 돼지 키우는 데 집중할 수 있는 환경을 조성하는 일이었다.

온종일 낮 근무시간에는 돼지를 돌보고, 매주 이른 새벽 돼지출하가 있는 날에는 새벽부터 일어나 잠을 설쳐가며 일을 하다 보면 아무래도 체력에 무리가 생긴다. 게다가 각종 비품 구입 같은 일로 현장직원이 농장 밖을 드나들면 돼지 돌보는 일에 집중하기 힘들다. 나는 농장업무를 새로 교통 정리했다. 나를 포함한 관리직 직원들이 새벽 출하를 담당하고 각종 비품 구입 같은 잡무를 맡도록 조치했다.

## 새로운 인사 원칙, 정규직 채용과 성과 보상

이렇게 몇 달의 시간이 흘렀을까. 농장의 분위기가 조금씩 좋아지고 농장 직원들의 팀워크도 살아났다. 농장이 최악의 상황을 벗어나자 전임 대표는 사직서를 제출했다. 나는 그의 사직서를 반려하지 않았다. 농장을 방만하게 경영한 책임은 마땅히 물어야 한다. 농장의 생산성은 회복되기 시작했고, 농장의 분위기는 절망과 불안에서 조금씩 희망을 향해 나아갔다. 사상 최악의 폭락세를 지속하던 돼지고기 가격도 미약하나마 반등의 가능성을 보였다. 급한 불을 끈 것이다.

나는 농장의 위기상황과 경영진 교체를 계기로 우리 농장이 새 출발해야 한다고 생각했다. 내가 바람직하다고 생각하는 방향으로 농장을 이끌고 싶었다.

우선 인사 원칙에 관한 틀을 잡고 싶었다. 주주들이 농장의 법적 주인일지는 모르지만 내 눈에 비친 현장 직원들의 농장 경영에 대한 기여는 일반 제조업의 그것에 비할 바가 아니었다. 특히 지금 근무하는 직원들은 어려운 시절을 함께하고 있는 역전의 용사들이 아닌가? 나는 농장 직원들을 파트너로 대우하는 것이 타당하다고 결론 내렸다.

나는 새 출발에 걸맞은 새로운 인사 원칙을 도입하기로 했다. 우선 우리 농장의 고용 형태를 '정규직'을 원칙으로 했다. 신용불량자로 입사한 농장 직원의 경우, 회사가 채무를 우선 변제하여 신용을 원상회복시킨 뒤 정규직원으로 전환했다.

'직원은 회사의 파트너'이므로 회사 경영 상태를 직원들에게도 수시로 공개했다. 우리 농장은 결산을 포함한 농장의 재무 내역을 모든 직원들과 공유한다. 그리고 매년 결산 후 실현한 수익의 일정 부분은 직원들의 성과 보상으로 지급하는 원칙을 도입했다. 스톡옵션 제도도 도입하여 농장의 장기적 성장에 기여하는 직원들은 농장의 가치를 장기적으로 공유할 수 있도록 성과 보상 체계를 명문화했다.

직원들의 가족에 대한 배려도 중요하다. 돼지농장은 돼지가 잘 자라도록 농장 업무와 작업 시간 역시 돼지 중심으로 흘러간다. 일반 제조업처럼 나인 투 파이브, 사람이 정한 시간대로 운영될 수는 없는 노릇이다. 일이 생기면 주말에도 농장에 나와야 하고, 명절 연휴 기간에도 누군가는 나와서 돼지를 보살펴야 한다. 그만큼 직원 가족의 희생이 따르는 것이다. 나는 우리 농장의 5년 이상 장기근속자 자녀들의 대학 학비를 농장에서 전액 지급하는 보상 체계를 도입했다. 그리고 매년 말 우리 농장의 모든 직원과 가족을 좋은 식당에 초대하여 감사를 표하는 연말 행사도 정례화했다.

기왕 농장 대표로 축산인이 된 이상, 우리 농장을 좋은 농장으로 만들고 싶었다. '좋은 농장이란 무엇일까?' 나는 수시로 자신에게 질문을 던졌다. 광의의 개념에서 농축산업은 먹거리 산업이다. 농사를 잘 짓고 가축을 잘 키워야 생산자는 소비자의 식탁을 안전하고 풍성하게 할 수 있다. 나는 우리 농장이 소비자에게 인정받는 좋은 돼지농장이 되어야 한다고 생각했다.

또한 내가 주목한 것은 우리 농장이 위치한 홍성군 결성면 우리 마을이었다. 돼지농장이 아무리 노력을 해도 가축을 키우는 농장에서 발생하는 악취를 없앨 수는 없다. 깨끗한 공기, 좋은 환경은 마을 구성원 모두가 누려야 하는 일종의 공공재이다. 우리 농장은 돼지를 키우는 과정에서 불가피하게 환경적으로 우리 마을에 폐를 끼치고 있다. 주변 환경에 대한 피해를 최소화하고 '마을과 상생하는 농장'은 '소비자에게 인정받는 농장'에 이어 내 마음속에 각인된 좋은 농장의 미래상이다.

미래상을 실현하기 위한 구체적인 전략은 아직 떠오르지 않지만 나는 농장을 경영하며 앞으로 차근차근 구체화 해나가기로 하였다. 인문학과 경제 서적으로 가득 차 있던 내 서재에 생태농업, 축산 영양학, 수의학 관련 책이 빼곡히 꽂히기 시작했다. 이렇게 농장 대표로서의 첫 항해는 내가 생각하는 인사 원칙과 농장의 미래상을 담아가며 시작되었다.

# 재기를 위한 설계도를 그리다

　　　　　　　　　　　　　　한때 '신토불이'라는 말이 유행했던 적이 있었다. 1990년대 후반 즈음, 수입농축산물이 물꼬를 트며 시장에 밀려들어 오기 시작하자 우리 먹거리를 지키자는 취지로 등장한 용어다. 하지만 10여 년이 훨씬 지난 지금은 사정이 다르다. 여러 나라와 FTA협정이 체결되면서, 월등한 맛과 품질을 지닌 다양한 원산지의 수입 농축수산물이 국내 시장에 쏟아져 들어오고 있다. 더 이상 '신토불이'란 말로 소비자들에게 우리 먹거리 애용을 호소할 설득력이 없다.

　　돼지고기 시장도 점점 세분화되고 있다. 해외 수입육 최저 등급에서 최고 등급까지 수입되어 판매되는 추세다. 더불어 다양한 국내 브랜드가 등장하여 수입육과 경합을 벌이고 있다. 이제 소비자는 더 이상 '신토불이'만을 고집하지 않는다. 품질 좋고 가격만 맞으면 원하는 제품을 선택한다. 시장 상황이 이러하니 생산자 입장에서는 국내 생산자, 나아가 해외 생산자와도 경쟁을 해야 하고 농수축산물 시장을 내다보는 거시적인 안목을 지녀야 한다.

이러한 어려운 시장 흐름 속에서, 나는 소비자의 혀를 만족시키는 맛을 선사하는, 차별화된 강점을 지닌 창의적인 농장을 만들고 싶었다. 나는 아직 축산의 초보자이기에 무엇보다 좋은 성과를 내고 있는 농장의 성공비결이 궁금했다. 우리 농장의 출자자들과 대화를 나누며 성공한 농장의 비결을 캐내보고 싶었다.

## 농장 규모가 성공을 보장하지 않는다

"앞으로 우리 농장이 잘되기 위해서 필요한 것이 무엇일까요?"

"아무래도 생산성이 제일 중요하지요. 생산성이 높아야 농장의 생산 원가가 절감되고 농장의 수익성을 확보할 수 있습니다."

우리 농장의 출자자들은 양돈업에 종사해온 50세 전후의 젊은 축산인들이다. 젊은이들이 농축산업을 기피하게 되면서 이 바닥에서는 50대 축산인도 젊은 층에 끼워준다. 오십을 바라보는 늦은 나이에 축산업에 뛰어든 나에게, 우리 농장의 출자자들은 축산의 첫 걸음부터 심화과정까지 많은 부분을 가르쳐주는 좋은 파트너이자 선생님이다.

"사료 등 비용을 잘 통제해야 합니다. 돼지 키우는 원가의 절반이 사료 관련 비용이니 가성비 높은 사료를 선택하는 것이 중요하지요."

생산성과 사료 값은 결국 원가의 문제이다. 출자자의 조언은 결국 원가 경쟁력을 높여야 한다는 의견으로 요약된다. 어떤 출자자는 출하처에 대한 얘기도 해주었다.

"같은 돼지라고 하더라도 쳐주는 돼지 값이 5%까지 차이가 납니다. 이제 농장이 안정이 되어가니 빨리 좋은 출하처를 확보해야 합니다."

'좋은 출하처라….' 나는 귀가 솔깃해졌다. 최소한의 노력으로 농장의 수익성을 개선할 수 있을 것 같다는 생각이 들었기 때문이다.

"어떻게 하면 좋은 출하처를 확보할 수 있을까요?"

"글쎄요, 우선 이 대표님이 여러 출하처를 많이 다녀봐야 제값 쳐주는 출하처를 만날 수 있습니다. 출하처도 농장과 궁합이 맞아야 해요. 또한 농장은 규격돈의 안정적 출하에 신경을 써야 할 겁니다. 규격돈만 안정적으로 잘 선별하면 출하처도 좋아하고 농장에도 이익입니다."

"그렇군요."

'규격돈'이란 무엇일까? 도축장에서 처리된 돼지의 품질, 등급은 도축장의 검사관이 결정한다. 검사관은 돼지의 등급을 매길 때 '규격 기준'과 '육질 기준'을 종합적으로 고려한다. '규격 기준'이라 하면 돼지의 체중과 돼지의 지방 두께 등 '양적인 기준'이다. '육질 기준'은 돼지고기의 지방 분포와 고기의 육색 등을 평가하는 질적 기준이다.

농장에서 돼지를 출하할 때는 돼지고기 육질을 알 수 없으니, 결국 규격 기준이 중요하다. 그래서 제값을 받기 위해서는 출하하는 돼지 체중을 제대로 선별해야 한다. 통상적으로 115킬로그램 가량의 돼지를 '규격돈'이라고 한다.

'결국 모든 것이 양적 지표구나.' 출자자들과의 대화에서 내가 내린 결론이다. 생산성과 사료 값은 원가와 관계된 양적 지표다. 규격돈 출하는 결국 출하하는 돼지의 체중을 얼마나 잘 맞추느냐의 문제이니 이 또한 양적 지표다.

원가절감 그리고 양적 측면에서의 농장 관리, 양돈업의 현실을 고려할 때, 축산인의 생각이 이해되었다. 돼지를 크게 잘 키우면 상인들이 흡족해하며 잘 사가니, 생산성을 높이고 원가를 낮추면 그만큼 당장 눈앞에 보이는 수익이 늘어난다. 하지만 모든 농장이 생산성에 매달리고 원가절감을 위해 농장의 규모만 늘리면 축산 농가들은 살아남을 수 있을까?

패션 산업을 예로 들어보자. 패션 제품의 수요는 '무한대'에 가깝다. 소비자들은 운동화나 티셔츠 같은 패션 아이템을 필요한 만큼만 사는 것이 아니다. 운동화도 여러 켤레, 티셔츠도 여러 장 중복구매를 한다. 반면 소비자들이 먹는 먹거리의 양은 한계가 있다. 더군다나 비만이 심각한 사회적 문제이니 양적인 소비가 늘 가능성은 줄어든다.

소비의 양이 제한된 상황에서 공급자가 생산성을 높이고 공급을 늘리면 어떤 상황이 벌어질까? 공급이 증가하니 가격이 폭락할 것이다. 가격이 폭락하면 상대적으로 경쟁력이 뒤처지는 농장은 시장에서 도태되고 원가 경쟁력이 있는 공급자만 살아남을 것이다. 그렇다고 살아남은 농장이 많은 이익을 남기는 것도 아니다. 이미 떨어진 시장 가격이 옛 수준을 회복하는 것은 아니기 때문이다.

내가 보기에 양돈업의 현실이 그러하다. 양돈업은 주기적으로 초과 공급이 발생하고 가격이 하락한다. 그때마다 양돈 농가는 줄어들지만

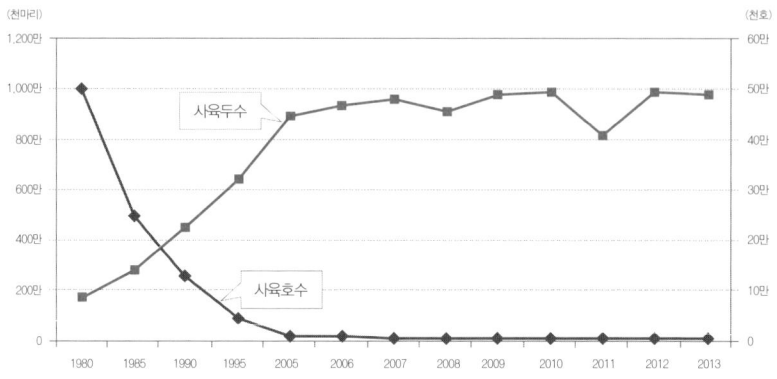
국내 돼지 사육 현황

그렇다고 생산성이 늘어난 농장의 수익이 옛날보다 나아지는 것은 아니다.

### 새로운 농장 경영 원칙을 세우다

"우리 농장 돼지를 먹는 고객은 누구일까요?"

나는 농장 출자자에게 질문했다.

"글쎄요… 우리 고객이 누구일지는 그리 구체적으로 생각해 보지 않았습니다."

출자자들의 답변이었다.

우리 농장의 돼지고기를 먹는 소비자를 모른다. 그 대답을 듣고 문득 1970년대 나이키 등 해외 유명 브랜드의 운동화를 OEM으로 도맡아 생산하던 부산의 신발공장이 떠올랐다. 지금은 대부분 사라지고 없지만, 1970년대만 해도 해외 유명 브랜드의 신발을 주문 생산하던 부산의 큰 신발공장들은 재계 순위 10위권 이내의 위용을 자랑하던 우리나라의 간판기업들이었다. 이들 기업들은 낮은 생산원가를 경쟁력으로 해외 바이어의 주문을 받아 신발을 대량 생산했다.

하지만 인도네시아, 중국 등 인건비가 저렴한 국가들이 신발 제조업에 뛰어들면서 해외 브랜드들은 이들 저임금 국가들로 주문을 전환했다. 가격 경쟁력을 상실한 국내 신발 산업은 급격히 위축되었고 대부분의 신발공장들은 이제 흔적도 없이 사라졌다.

왜 그랬을까? 70년대에 전 세계 유명 브랜드 운동화를 우리나라에서 도맡아 생산했지만 소비자들은 해외 유명 브랜드 운동화를 구입한 것이지, 한국산 운동화를 구입한 것이 아니었기 때문이다. 직접 소비자들을 대면할 필요 없이 바이어가 정해준 디자인과 규격대로 신발을 생산하면 되니, 디자인이나 품질 개선을 위한 연구개발이나 시장조사도 필요 없었던 것이다. 고객에게 인정받지 못하고 스스로 제품으로 차별화하지 못한 채 가격 경쟁력에만 매달려 덩치만 키운 산업의 암울한 현주소이자 미래의 모습이다.

문득 돼지농장이 한때 잘 나가던 우리나라 신발공장과 같은 처지가 되는 것은 아닐까 하는 우려가 머릿속을 가득 채웠다. 축산업은 냉엄한 시장 경쟁에 몰려 있다. 아직까지 축산물을 구매하는 소비자의 선택 기준이 가격에 있다면 돼지농장은 어떻게 해야 할까? 원가경쟁력 중심의 시장 논리 속에서는 생산성 극대화와 규격화만이 축산 농가가 살길이니 돼지농장은 공장형 축산에 몰입할 수밖에 없다.

도시 소비자로 있을 때 나는 공장형 축산을 좋게 보지 않았다. 유기농을 선호했던 만큼 돼지를 물건 찍어내듯 가둬 키우는 공장형 축산에 대해 부정적이었다. 하지만 돼지농장을 직접 경영하는 생산자 입장에 서니, 나 역시 공장형 축산을 하게 된다. 마음속으로는 친환경, 방목과 같은 목가적인 축산을 꿈꿔보지만 내 앞에 놓인 농장 경영의 현실은 시장 경쟁 논리에서 자유로울 수 없다. 시장이 우리 돼지를 매입하는 조건을 따를 수밖에 없는 것이다.

일종의 패러독스다. 농장이 잘되기 위해서는 생산성을 높이고 원가를 절감해야 한다. 반면 이러한 노력은 부메랑으로 돌아와서 오히려 양돈업의 미래를 어렵게 만든다. 결코 우리 농장이 부산 신발공장의 전철을 밟게 할 수는 없다. 유럽과 일본에는 남다른 차별성을 가지고 전통적인 방목 기법을 자손 대대로 이어가는 백 년 농장이 있다. 나는 우리 농장도 내 자식 대에, 손주 대에 이어갈 수 있는 차별적이고 전통 있는 돼지농장이 되었으면 한다.

어떻게 하면 나의 바람을 이룰 수 있을까? 아직 구체적인 전략과 방법은 미궁 속에 있지만 몇 가지 농장 경영 원칙을 세워보았다.

첫째, 소비자와의 소통이 가능해야 한다. 그래야 어떤 돼지를 키워야 할지 알 수 있고 우리 돼지를 소비자에게 알릴 수 있다.

둘째, 우리 농장에서 키우는 돼지는 다른 농장과 달라야 한다. 단 그 다름은 소비자 관점에서의 다름을 의미한다.

셋째, 무엇보다 중요한 것은 우리 농장이 다른 농장보다 높은 생산성을 유지해야 한다.

소비자와 소통하여 '남다른 돼지'를 키우기 위해서는 다양한 시장조사와 지속적인 연구가 필요할 것이며 많은 시행착오도 겪게 될 것이다. 생산성과 원가절감에 집중하는 농장에 비하여 우리 농장이 더 많은 비용을 지출해야 된다. 우리 농장의 수익성이 높아야 이러한 비용을 장기적으로 감당할 수 있을 것이다.

갈 길이 멀다는 생각이 들었다. 농장이 정상 궤도에 오르도록 급한 불은 껐지만 아직 농장의 생산성이 상위권에 오른 것도 아니고, 우리 농장 돼지가 다른 농장 돼지와 크게 다를 바도 없다. 더구나 생산자로서 우리 농장이 소비자와 소통할 수 없는 현실은 나를 한숨짓게 만든다. 다시 새로운 출발선에 서야 한다.

농장 경영은 어쩌면 마라톤 같은 장거리 달리기가 아닐까 하는 생각이 들었다. 이제 두 발을 생산자라는 현실에 단단히 붙이고 도시 소비자의 욕구 파악에 나서야 한다. 새로운 농장 경영 원칙을 세우고 방법을 모색하기 시작하자. 그동안 무심결에 지나쳤던 백화점과 마트 식품 매장의 돼지고기가 내 눈에 달리 보이기 시작했다.

# 우리 돼지의 소비자를 찾아서

"사장님, 우리가 키운 돼지는 누가 사먹나요?"
"글씨, 나도 잘 모르겠슈."
"사장님이 우리 돼지를 출하해 주시는데 알 수 있지 않나요?"
"나야 여러 농장과 거래하잖유. 농장 돼지를 한데 모아서 여기저기 납품허니까 거래처가 좀 많아유? 한 거래처에 매번 같은 돼지가 가는 것두 아니고…… 나야 알기 힘들지유."

우리 농장 돼지를 맡아 출하하던 유통회사 사장님과 나눈 대화다.

나는 우리 농장에서 키운 돼지를 누가 소비하는지 궁금했다. 그리고 가능하다면 우리가 돼지를 잘 키웠는지에 대한 소비자의 평가도 듣고 싶었다. 돼지출하처 사장을 만나면 해답을 얻을 수 있지 않을까 생각했다. 하지만 원하는 대답은 얻지 못했고, 답답한 마음에 우리나라 축산

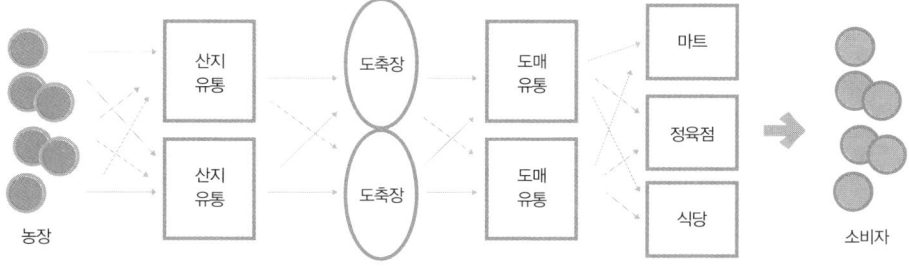

물 유통이 어떻게 돌아가는지 살펴보았다.

　농축산업이 대부분 그러하듯 양돈 농장들은 영세하다. 산지의 유통 상인은 여러 농장 돼지를 한데 모아서 도축을 한다. 도축장을 나온 돼지는 고기가 되어 다시 도매 유통 상인에 넘겨진 뒤, 다양한 유통 경로를 거쳐 소비자의 식탁에 오른다. 한데 모았다가 분산하여 판매하는 유통 구조 때문에 생산자는 돼지가 어디서 소비되는지 모르는 채 키운 돼지를 떠나보내고, 소비자 역시 누가 키운 돼지인지 모르는 체 돼지고기를 사먹는다. 여섯 달을 길러서 돼지를 출하하고도 우리 고기에 대한 피드백을 아무에게도 받을 수 없는 현실이다.

　그렇다면 소비자의 피드백이 원활한 유통 구조에는 뭐가 있을까? 가전제품이 떠올랐다. S전자는 직영 대리점이나 H마트 같은 가전 전문 유통 회사를 통하여 제품을 판매한다. 유통 구조가 단순하니 S전자는 어느 제품이 잘 팔리는지 소비자의 반응을 수시로 확인할 수 있다. 마케팅과 제품 홍보 덕분에 소비자는 S전자와 신제품에 대하여 잘 알고 있다. 또한 S전자는 애프터서비스나 설문조사 등 다양한 방식으로 지속적으로 소비자와 소통한다.

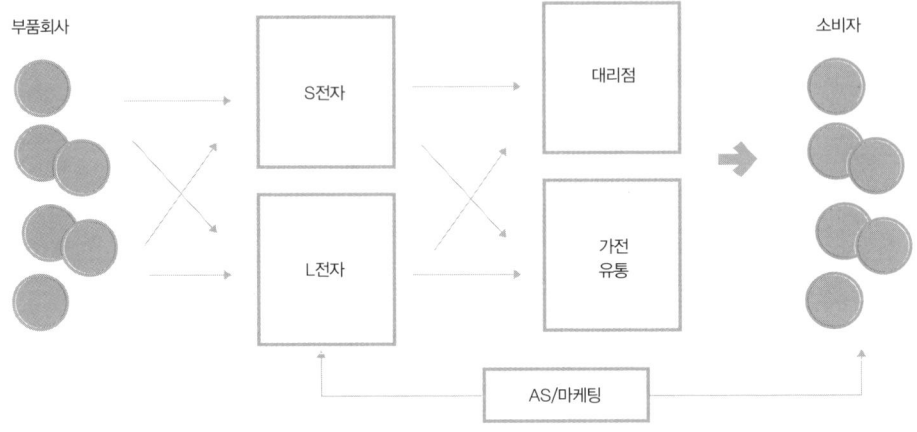

　S전자에 납품하는 부품회사의 경우는 어떠할까? 개인 컴퓨터를 예로 들어보자. 부품회사는 S전자에 CPU, 키보드, 메모리 같은 핵심 부품을 납품하고 S전자는 부품을 조립하여 컴퓨터를 만든다. 그런데 컴퓨터를 구입하는 소비자는 부품회사에 대해 얼마나 알고 있을까? CPU는 '인텔'이 유명하기에 소비자는 자기 컴퓨터에 들어가는 CPU가 '인텔'인지에는 관심을 가진다. 하지만 다른 핵심 부품 중 하나인 메모리가 어느 회사 제품인지는 별 관심이 없다.

　이러한 차이는 어디서 오는 걸까? 인텔의 홍보 전략 때문이다. 인텔은 차별화 전략을 세우고 우수한 제품을 만드는 동시에, 다양한 형태의 홍보로 소비자에게 파고들었다. 그래서일까? 전자회사들은 컴퓨터 한쪽 귀퉁이에 반짝거리는 '인텔' 라벨을 붙여서 완제품을 출시한다. 부품회사인 인텔은 타사의 완제품에 자사 라벨을 붙이는 회사가 되었다. 덕분에 인텔은 지속적으로 높은 수익을 유지하고 있다.

업종은 다르지만 가전제품 시장과 비교하면, 돼지농장은 부품을 생산하는 회사와 비슷하다. 농장에서 키우는 돼지가 있어야 식품회사는 햄을 만들고 마트는 삼겹살을 팔 수 있다. 소비자들이 햄과 삼겹살을 살 때 어느 농장 돼지인지 알고 있을까? 아무도 모른다. 그러면 우리 농장이 자기만의 브랜드 라벨을 붙여 납품하는 인텔 같은 회사가 될 수는 없을까? 나는 우리 농장을 '소비자가 먼저 알아보고 신뢰하는 인텔 같은 농장'으로 키우고 싶다.

## 천천히 크게 키우면 더 맛있다

우리 농장의 돼지고기가 다른 농장과 별로 차이가 없다면 인텔 같은 차별화 전략은 소용이 없다. 돼지를 어떻게 키우면 남다르게 키워낼 수 있을까? 내 머리에 떠오른 첫 번째 생각은 농림부가 인증하는 친환경 축산물인 무항생제 돼지나 동물복지 돼지였다. '그래, 친환경 돼지고기를 목표로 하면 되겠어!' 나는 즉시 농장 회의를 소집했다.

"농장장님, 우리 농장 돼지를 무항생제로 키우면 어떨까요?"

내 제안에 농장장은 잠시 어이없는 듯 나를 바라보다가 입을 열었다.

"대표님, 무항생제 돼지를 키우려면 어떻게 해야 하는지 아서유?"

"네, 항생제를 투약하면 안 되겠지요."

"정확히 출하 두 달 전부터는 항생제 투약허면 절대 안 돼유. 아직 우리 농장 축사 시설이 별로인 거 아시쥬?"

"네, 알고 있습니다. 지난번에 일단 급한 대로 조치를 했지요."

"환기도 제대로 안 되고… 이런 상황에 만약 돼지가 아프면 워떡혀유? 무항생제 한다고 아픈 돼지를 치료도 안하고 죽게 내버려 둬유?"

"……."

"동물복지 농장도 그려유. 동물복지 하려면 멀쩡한 시설 확 뜯어내고 돈 들여 새로 축사를 바꿔야 하는데 그걸 워떻게 혀유?"

"……듣고 보니 그러네요."

내 생각이 짧았다. 항생제를 안 맞히면 좋겠지만, 아픈 돼지에게 주사를 안 놔주는 것은 말이 되질 않는다. 동물복지와 무항생제도 좋지만 우선 농장 시설을 보완하여 돼지가 건강하게 잘 자랄 수 있는 환경을 만드는 일이 무엇보다 최우선 과제라는 생각이 들었다. '그런데 겨우 부도 위기를 넘긴 농장에 무슨 여력이 있어 큰 투자를 하여 농장시설을 전면적으로 개보수할 수 있을까?' 한숨이 절로 나왔다.

"네, 알겠습니다. 동물복지나 무항생제는 일단 보류하겠습니다. 그럼 우리 농장 돼지를 좀 남다르게 키울 방도는 없을까요?"

한참동안 생각하던 농장장이 답을 했다.

"사실 115킬로그램 규격돈보다야 130킬로그램 정도로 천천히 크게 키운 암퇘지가 훨씬 맛있지요. 근데 규격돈이 아니라고 제값으로 안 쳐주니 그것도 못 혀유. 그래도 홍성에서 돼지에 대해 아는 사람들은 다 암퇘지만 찾는디……."

나는 맛있는 암퇘지라는 말에 귀가 솔깃했다. '똑같은 크기의 규격돈이 아니라 천천히 오래 키운 훨씬 더 큰 암퇘지라…….' 나는 농장장에게 바로 부탁을 했다.

"농장장님, 두 마리만 그렇게 키워주세요. 두 마리 출하는 제가 알아서 해볼 테니 염려 마십시오. 돼지만 잘 키워주십시오."

"대표님, 두 마리 출하는 쉽지 않을 턴디유……. 정 그렇게 하시겠다면 한 번 혀볼 터니 한두 달 더 기다려 보셔유."

나는 남다른 돼지를 키워서 소비자의 피드백을 받고 싶었다. 그런데 그런 마음은 다소 엉뚱한 우여곡절을 선사했다.

농장장은 빛깔 좋은 암퇘지 두 마리를 선정하여 8개월짜리 암퇘지 키우기에 들어갔다. 보통 115킬로그램 비육돈은 6개월이면 출하하지만, 이번 암퇘지 두 마리는 최고의 사료만 신경 써서 먹이고 천천히 2개월 더 키워내어 '남다른 돼지'를 만드는 게 농장장의 전략이다. 이렇게 두 마리가 키워지면, 내가 돼지 두 마리를 둘러업고라도 가서 소비자에게 우리 고기를 맛보게 하고 피드백을 받아오겠다고 직원들에게 선언했다. 그런데 문제가 생겼다.

공들여 키운 130킬로그램의 암퇘지 두 마리만을 받아줄 도축장을 찾기가 쉽지 않았다. 도축장은 규격에 맞는 돼지를 도축하는 표준화된 대형 설비를 갖추고 있다. 한두 마리, 그것도 표준화된 공정에 혼선을 주는 비규격 돼지를 반길 리가 만무하다. 결국 나는 혼자 여기저기 알아보다가 우리 돼지출하 상인을 통해서 어렵게 도축장을 수배하여 겨우 도축을 할 수 있었다.

도축을 마친 암퇘지는 돼지고기가 되어 내 앞에 놓였고, 이제 고기 맛을 볼 소비자 선정과 배송문제가 남았다. 나는 식당을 섭외하기로 했다. 식당의 규모, 식당을 찾는 고객의 평, 무엇보다도 고기를 제대로 분할할 줄 아는 정육사가 있는 고깃집을 수소문했다.

돼지 한 마리는 80여 명이 배부르게 한 끼 먹고도 남는 엄청난 양이다. 도축장에서 3~4덩어리로 대 분할한 고기는, 요리사가 생각하는 요리 용도에 맞게 다양한 방식으로 칼질되어야 비로소 음식을 위한 식재료가 된다. 우리 돼지를 제대로 맛보이려면 제대로 된 커팅이 필요하기에 숙련된 정육사가 있는 식당은 필수조건이다.

나는 지인에게 소개 받은 경기도 분당의 한 식당과 고향 부산에서 식당을 경영하는 오랜 친구에게 고기를 보내기로 했다. 부산 친구네 식당은 부모님 대부터 문을 열어온 전통 있는 고깃집이다.

드디어 우리 돼지를 식당에 보내는 날이다. 나는 축산물 냉장배송을 알아보았다. 하지만 달랑 한 마리를 멀리 부산과 분당으로 배송할 냉장차량 수배가 쉽지 않았다. 나는 다시 농장과 거래하는 돼지출하 상인에게 도움을 요청했다.

"사장님, 배송에도 문제가 생겼습니다. 무슨 방법이 없을까요?"

"네, 대표님. 현재로는 고기를 진공포장하고 냉매를 가득 담은 스티로폼 상자에 담아 특송 택배로 보내는 수밖에 없습니다."

아쉬웠지만 내가 택할 수 있는 유일한 대안이었다. 일단 한 마리를 부산으로 배송하는 데 우려했던 문제가 터졌다. 배송한 돼지의 포장이 완벽하지 않아서일까? 돼지고기에 '드립'이 생겼다는 연락이 왔다. 드립(drip)은 냉장 상태가 완벽하지 않아 온도 차가 생길 때 육즙 일부가 고기에서 배어나는 현상이다. 육즙이 일부 빠져나오면 고기 품질이 점점 떨어진다.

'돼지를 잘 키워도 배송이 이렇게 어려워서야…….' 속상한 마음에 나는 분당으로 배송하는 돼지고기는 중요 부위를 중심으로 내가 직접 차에 싣고 가기로 결정했다. 내 눈으로 확인하고 직접 전달하는 것이 차라리 안심이 될 것 같았다.

## 고기 맛 외에 해결해야 할 것들

두 식당에 모두 배송을 마치고 드디어 식당이 주최하는 시식회 날이 다가왔다. 시식회는 분당에서 먼저 이뤄졌다. 나는 '어떤 평가가 나올까' 하는 기대를 안고 분당 식당을 찾았다. 식당 정육사는 우리 돼지의 품질을 후하게 평가해 주었다.

"대표님, 고기가 참 좋습니다. 마블링도 고르게 분포해 있고 색감, 질감이 모두 우수합니다. 참 잘 키우셨습니다."

정육사의 말에 마음이 우쭐했다. 그런데 정작 고기 시식회에 많은 고객이 참여하지를 않았다. 시식회를 위한 식당을 섭외하며 돼지 한 마리를 주겠다고 제안했을 때 대부분의 식당 주인들은 썩 내켜하지 않았다. 공짜로 한 마리를 받으니 나쁠 것은 없지만 시식회를 열어서 피드백을 주어야 하니 식당 주인의 적극적인 관심과 의지가 없으면 불가능한 일이었다. 결국 시식회는 했지만 식당 고객의 고기 평가는 의례적인 수준에 머물렀고, 사람이 제대로 모이지 않았으니 객관적인 평가를 위한 모집단을 확보할 수도 없었다. 분당 식당에서 개최한 첫 시식회는 실패로 끝났다.

처음으로 시식행사를 하다 보니 다른 문제도 생겼다. 고객이 선호하는 부위는 삼겹살과 목살이다. 다른 부위 고기는 거의 남아돌았다. 시식회에 참여한 고객에게 따로 나눠주고도 고기가 많이 남았다. 결국 식당 냉장고에 보관할 수밖에 없는 상황이었고, 삼겹살과 목살 위주로 판매하는 이 식당은 그리 좋아하는 눈치가 아니었다. 한편으로는 식당에 부담을 준 것 같아 미안한 마음이 들었고, 다른 한편으로는 잘 키워서 힘들게 배송한 우리 돼지가 제대로 대접 받지 못하는 듯하여 속상했다.

부산 식당의 시식회 날이 다가왔다. 내가 믿는 친구이니만큼 돼지 키우는 내 마음과 취지를 잘 알아주어서 적극적인 시식회를 열어줄 거라고 기대를 하였다. 배송 과정에 하자가 생겨서 고기질에 대한 우려 때문에 마음이 좀 무거웠지만 나는 시식회가 잘 치러지기를 바라며 부산 식당을 찾았다. 고맙게도 시식 행사는 고향 친구들을 포함해 많은 사람들이 참여했고, 돼지고기에 대한 평도 상세하고 다양하게 들을 수 있었다. 국내 최고급 브랜드 돼지고기를 쓰는 식당 사장인 내 친구의 평도 좋았다.

"이렇게 잡냄새 없이 깔끔한 맛은 나도 처음이다! 너희 농장 돼지고기로 우리 식당 하나 새로 차릴까?"

친구는 후한 평을 내리며 나를 격려하였다.

"고맙다, 친구야. 농장에서 돼지 잘 키우는 것도 중요하지만, 돼지고기가 맛있으려면 식당의 서비스와 분위기, 같은 삼겹살이라도 어떻게 칼질하여 어떤 불에 굽는지도 중요해. 결국 좋은 재료, 서비스, 식당만의 요리 노하우의 삼박자가 맞아야 고기 맛이 완성되지 않을까 싶어."

나 역시 이번 시식회를 하며 새롭게 느낀 소감으로 감사의 표시를 대신했다.

분당에서의 실패로 부담을 갖고 시작한 부산 시식회가 잘 마무리되어 마음이 한결 가벼워졌다. 시식회를 마치고 홍성농장으로 돌아가는 길에 내 머릿속에는 여러 가지 생각이 떠올랐다.

첫 번째 떠오른 것은, 한두 마리 소량 도축과 맞춤형 배송이 가능한 물류회사가 필요하다는 것이다. 우리나라는 대규모의 표준화된 돼지고기 가공-유통 시스템만 존재한다. 도축장 입장에서야 표준화된 다량의 일거리를 주는 대형 유통 상인이 중요하지 한두 마리 도축을 부탁하는 우리 농장을 반길 이유가 없다. 설사 도축장에서 우리 돼지를 도축 가공하더라도 한두 마리의 소량 배송을 책임지고 맡아줄 물류회사는 없다. 큰돈을 주고 냉동차를 쓸 수는 있다. 하지만 이 경우 돼지 가격보다 차량 운송비가 더 들어간다.

두 번째는 우리 고기를 고객에게 선보일 좋은 파트너가 필요하다는 것이다. 삼겹살, 목살 등 인기 부위만 취급하는 식당은 우리 파트너가 될 수 없다. 우리 농장은 유통업자가 아니다. 나머지 부위를 처분할 방법이 없다. 서로 신뢰하는 파트너십으로서 농장-유통-식당이 삼박자가 맞아야 제대로 된 소비자 반응을 얻을 수 있다는 결론을 얻었다.

유통의 문제, 파트너의 문제를 떠올리니 앞으로 가야 할 길이 아득하게 느껴졌다. 기존의 농장을 하던 분들도 나처럼 고민이 많았을 텐데, 이들이 생산성과 원가 경쟁력 향상에 매진하는 이유를 알 것 같았다. 하지만 나는 한 가지 희망도 같이 발견했다. '차별화'의 가능성이다. 규격돈 생산에 얽매이지 않고 개성 있게 돼지를 키워보니 확실히 고기의 맛과 육질이 다름을 확인할 수 있었다. 다수의 농장이 표준화된 규격돈 생산에 매진하니 어쩌면 이 지점이 새로운 가능성을 열어줄 틈새가 아닐까 하는 생각이 들었다. 틈새를 공략하고 차별화를 위해 노력하면 우리 농장은 '양돈 농가의 인텔'이 될 수 있지 않을까?

내 생각은 꼬리에 꼬리를 물고 깊은 고민과 더불어 가녀린 희망의 빛을 선사하며 홍성 농장으로 달리고 있었다.

'세세한 준비가 필요해. 긴 시간도 필요하지…… 기본부터 단단히 잡고 가야 해.'

농장 대표로서 다소 무모한(?) 실험은 아쉬움을 남겼지만, 긴 시간을 갖고 한번 가보자 생각하니 한결 마음이 편안해졌다. 곧 농장에 도착한다. '밤새 우리 돼지들은 잘 지내고 있었을까?' 문득 나는 우리 농장 돼지들의 안부가 궁금해졌다.

# 여름, 폭염의 장벽을 넘어서며

"대표님, 올해는 에어컨을 설치해야겠슈……."

2014년 봄 어느 날, 농장장이 미안한 기색으로 어렵게 말을 꺼낸다.

"농장장님, 축사에 꼭 에어컨을 설치해야 합니까? 비용이 만만치 않습니다. 농장 어려운 사정 뻔히 아시면서……. 에어컨 없으면 돼지들 여름나기가 그렇게 어렵겠습니까?"

나는 농장 대표를 맡아 돼지 키우는 길에 깊숙이 관여하면서 첩첩이 쌓이는 양돈업, 나아가 우리 농축산업의 고민과 어려운 문제를 피부로 느낄 수 있었다. 농장장은 돼지를 위해 축사에 에어컨을 설치하자고 제안한다.

'아니, 돼지에게 에어컨이라니! 겨울철 고향 부모님 댁에 보일러 놓아 드리자는 것도 아니고 돼지 축사에 무슨 에어컨이란 말인가?'

우리나라의 국민주택은 전용면적 85제곱미터 이하의 소형아파트를 가리킨다. 이런 아파트에 에어컨을 설치하는 일도 전기료와 설치 비용 등을 고민하여 결정한다. 하물며 농장 축사에 에어컨을 설치하는 데는 가정용 에어컨과는 비교할 수 없는 큰돈이 들어간다. 농장장이 돼지를 잘 키우고 싶어 하는 심정을 나는 이해할 수 있다. 하지만 돼지의 특성과 농장 사정을 모르는 누군가가, "아무리 더워도 그렇지, 에어컨 없이 여름을 힘겹게 나는 어려운 사람들이 부지기수인데 돼지 축사에 에어컨을 달다니?"라는 질문을 던진다면 왠지 대답이 궁색할 듯했다.

대부분의 포유동물들에게는 땀샘이 발달해 있다. 땀샘 덕분에 포유류는 더울 때 땀을 많이 흘려 체온을 낮춘다. 아쉽게도 돼지의 땀샘은 퇴화하여 체온 조절 기능을 못한다. 더위가 심해지면 체내의 열기가 누적되어 돼지는 식욕저하나 열사병으로 타격을 입는다. 자연 상태에 있는 돼지라면 진흙탕이나 시냇물 같은 외부의 찬 기운으로 몸을 식히거나 나무 그늘을 찾아 더위를 피할 것이다. 하지만 농장에는 천 마리가 넘는 돼지들이 피서 갈 시냇가도 진흙탕도 나무숲도 없다.

2010년에 신축한 우리 농장 축사는 2천 제곱미터의 바닥면적에 천장까지 높이가 7미터는 족히 되는 거대한 공간이다. 축사를 지을 때 단열효과를 극대화하기 위하여 외벽을 두껍게 쌓고 단열재를 아낌없이 적용했다. 또한 외부의 공기가 지하 채널 공간을 통해 축사에 유입되도록 환기시스템을 설계하여 여름에는 비교적 시원한 공기가, 겨울에는 따뜻한 공기가 유입되도록 하였다. 에너지를 절감하고 돼지에게 쾌적한 환경을 제공하기 위해서이다. 나름대로 고심해서 지은 이 축사에 천여 마리의 돼지가 살고 있다.

문제는 축사에 살고 있는 돼지 마릿수이다. 돼지의 평균 체온이 39도이다. 최대한 돼지 사육 환경에 신경을 썼다고 해도 39도의 난로 천여 개가 한여름 축사 내부의 공기를 데운다. 요즘 같이 전례가 없는 폭염에는 공들여 지은 축사도 무용지물이 된다.

## 축사에 에어컨을 달아야 하는 이유

'2013년 여름은 더위 기록 제조기,' 2013년 8월 15일 한겨레신문 기사의 머리글이다. 2012년에 이어 2013년 여름, 전국을 강타한 불볕더위는 기상청의 더위 관측 기록을 갱신하고 있었다. 2013년 울산의 8월 여름 평균기온은 평년보다 4.5도가 높았고, 8월 경북 포항의 일평균 기온은 33.5도로서 기상청 관측 이래 최고치를 넘어섰다.

2013년 여름은 우리 농장과 돼지에게 이전에 겪어보지 못한 시련을 안겨주었다. 동남아가 덥다고 하지만 매일 내리는 소나기가 대지의 열기를 식혀준다. 비 한 방울 내리지 않던 그해 여름의 바람은 사막의 열풍이나 다름없었다. 공들여 만든 축사의 지하 채널도 무용지물이었다. 식지 않은 뜨거운 공기가 축사에 그대로 유입되고 있었다.

축사에 설치된 모든 환기팬은 힘겹게 더운 열기를 축사 밖으로 뽑아냈다. 며칠째 한 순간도 쉬지 못하고 돌아가는 팬은 지쳐보였다. 축사 내 온도가 40도를 넘어섰다. 돼지가 조금이라도 시원하라고 선풍기를 달았다. 더운 바람이 그래도 정체된 공기보다는 낫기 때문이다.

하지만 지속적인 무더위 탓에 단열이 잘된 축사는 오히려 서서히 달아올라 좀처럼 식지 않는 거대한 사우나가 되어가고 있었다. 사람은 사우나 안에서도 땀을 내어 체내의 열기를 배출한다. 하지만 땀샘이 발달하지 않은 돼지는 축사 내 열기를 버티지 못하고 한 마리 두 마리씩 주저앉았다. 답답한 마음에 돼지에게 물이라도 분무해줄까 생각해 보았다. 하지만 농장장이 제지했다. 물을 뿌리면 일시적으로 온도는 내려가겠지만 결국 물이 증발하여 축사 내 습도와 체감 온도를 높일 뿐이라는 것이었다.

선풍기도 더 이상 세게 돌릴 수 없었다. 지나친 바람은 돼지에게 호흡기 질환을 일으킨다. 우리가 온종일 강한 선풍기 바람을 맞을 때 느끼는 신체적 불편함과 같은 이치이다. 음료수통에 얼음을 집어넣어 시원한 물을 돼지에게 줘보기도 했다. 하지만 천재에 사람이 할 수 있는 일은 여기까지였다. 그해 여름 삼백여 마리의 돼지가 더위를 버티지 못하고 결국 쓰러졌다. 돼지도 아팠고 더 이상 어찌할 수 없었던 우리도 아팠다.

'축사에 에어컨이라….' 내 머리로는 그곳에 설치할 에어컨의 용량이나 형상이 떠오르지 않았다. 농장장님의 제안을 들으며 나는 조건반사적으로 우리 농장의 은행잔고와 초대형 에어컨 가격, 감가상각과 시설 유지비, 전기료 인상분 등 한마디로 농장의 자금과 원가에 미치는 영향을 계산하고 있었다. 과거 금융권에 있던 직업의식을 못 버린 탓이다. 부도의 위기를 가까스로 넘긴 농장의 처지를 생각하며 나는 속으로 깊은 한숨을 내쉬었다.

에어컨을 설치하여 돼지가 잘 자라면 돼지고기 가격이 높은 여름에 출하량을 높일 수 있어 농장 수익성 개선에도 도움이 된다. 자금 사정이 빠듯했지만 나는 축사에 에어컨을 설치하는 큰 결정을 내렸다. 하지만 내가 무리를 해서라도 에어컨을 설치한 진짜 이유는 1년 전 여름의 악몽을 두 번 다시 겪고 싶지 않아서였다.

"농장장님, 에어컨 달고 나니 우리 돼지들은 좀 어떻습니까?"

"더 이상 더위와 습기에 헐떡거리지도 않고… 이제 돼지도 지낼 면혀유. 가면 갈수록 돼지들 여름 나기가 정말 징혀유. 녀석들이 하도 지치니까…. 매일 얼음을 한 무더기 가져다 물과 함께 줘서 열을 식혀주기도 하지만 임시방편일 뿐이였지유. 에어컨 달고 나니까 이제 좀 안심이 돼유. 대표님 자금 끌어온다고 고생 많았슈."

걱정을 덜어낸 듯한 농장장의 답변에 나도 한시름 놓았다.

자금 사정만 괜찮다면 축사에 에어컨을 설치하는 것은 매우 합리적인 의사결정이다. 설치된 에어컨은 후덥지근한 여름공기에서 열과 습기를 제거하고 쾌적한 공기를 돼지에게 공급해준다. 축사 내 환경이 개선되는 만큼 우리 농장 직원들의 근무 환경도 개선된다. 더위로 돼지가 타격을 받으면 돼지고기 공급이 감소하여 여름철 돼지고기 가격은 일시적으로 고공행진을 한다. 그러나 돼지출하량이 적어서 생긴 현상이니 농가에 별 도움은 안 된다. 도시 소비자들은 여름 돈가가 높아서 농장이 돈을 번다고 생각하겠지만 실상은 그렇지 않다. 여름 무더위와 전쟁을 하는 농민들은 돼지출하가 줄어서 속을 태울 뿐이다.

**연도별 Kg당 돼지고기 가격 추이** (2015년 하반기 기준)
출처: 축산물 품질평가원

| | 1월 | 2월 | 3월 | 4월 | 5월 | 6월 | 7월 | 8월 | 9월 | 10월 | 11월 | 12월 | 평균 |
|---|---|---|---|---|---|---|---|---|---|---|---|---|---|
| 2011년 | 6,406 | 6,520 | 6,674 | 5,874 | 7,254 | 7,649 | 6,572 | 6,322 | 5,384 | 4,495 | 5,619 | 6,336 | 6,259 |
| 2012년 | 4,725 | 4,451 | 4,401 | 4,309 | 4,873 | 4,971 | 4,600 | 4,356 | 3,561 | 2,992 | 3,813 | 3,485 | 4,211 |
| 2013년 | 3,032 | 3,044 | 3,061 | 3,778 | 3,850 | 4,665 | 4,366 | 4,570 | 4,227 | 3,272 | 4,099 | 4,077 | 3,837 |
| 2014년 | 3,629 | 3,995 | 4,961 | 4,991 | 5,307 | 6,174 | 5,525 | 5,572 | 5,272 | 4,925 | 5,789 | 5,232 | 5,114 |
| 2015년 | 4,637 | 4,758 | 4,901 | 5,234 | 6,146 | 6,016 | | | | | | | 5,282 |

\* 무더위가 심해지니 여름의 돼지고기 공급이 줄고 돼지고기 가격은 주기적으로 상승한다.

    요즘 우리 농장과 농촌을 괴롭히는 폭염, 가뭄 같은 이상기후는 온실가스 배출로 인한 지구온난화에 기인한다. 과도한 온실가스 배출은 제철, 석유화학 등 에너지를 많이 사용하는 산업을 비롯하여 석탄화력발전소, 자동차와 같은 내연기관 기반의 교통수단과 에너지 과소비에 그 원인이 있다. 악몽 같은 상황을 피하기 위해 우리 농장은 없는 살림에 에어컨 설치로 많은 돈을 지출해야 했다. 그리고 우리 농장은 에어컨을 설치함으로써 더 많은 온실가스를 배출하게 된다. 지구온난화의 피해를 막기 위한 우리 농장의 결정이 지구온난화를 악화시키는 것이다.

2014년 기상청 자료를 보면 최근 들어 온난화가 가속화 되고 있고 앞으로 더 더워진다고 한다. 일단 에어컨을 설치하여 지금의 무더위는 모면할 수 있지만 앞으로는 돼지 키우기가 더 힘들어진다. 그렇다고 무한정 에어컨을 더 설치할 수도 없는 노릇이다. 지구온난화 문제의 정점에 우리 농장이 있다고 생각하니 마음이 무겁다.

# 겨울, 질병의 위협을 넘어서며

농장 언덕의 터줏대감, 감나무 줄기에 새순이 돋았다. 바야흐로 꽃피는 봄이다. 대지에 쏟아지는 봄 햇살은 아지랑이를 피워내며 겨우내 얼어붙은 땅을 녹인다. 멀리 홍성호에도 봄이 왔다. 호수에서 불어오는 바람이 부드럽다. 우리 돼지들이 좋아할 날씨다.

"농장장님, 부장님, 그간 수고 많으셨습니다. 무사히 겨울을 보내고, 오늘 축사 문을 활짝 여니까 숨통이 다 트입니다."

"대표님도 수고 많았시유. 다들 고생 많았지유. 어쨌든 이번 겨울은 무사히 잘 넘겼는데 다음번에도 우리 농장 잘 넘기고 갈 수 있을지 걱정이여유."

365일 돼지를 돌보며 돼지의 생태를 잘 아는 농장장은 한 고비를 넘기자 자식 걱정하듯 또 돼지를 염려한다. 이번 구제역은 잘 비켜갔다. 하지만 농장장은 돌아올 계절의 질병 걱정이 앞서는 모양이다.

"구제역도 공식 종료되었는데, 이번 주는 돌아가며 휴가도 다녀오고 좀 쉬면서 보내지요."

나는 농장장에게 제안했다. 겨우내 나를 포함한 농장 직원들은 가급적 외근을 자제하고 농장에 상주했다. 외출에서 행여나 묻어올지 모를 구제역 바이러스 유입을 방지하기 위해서다.

"이번 주는 안 돼유. 겨울 지나고 이제 환절기인데 빨리 축사 환기팬도 손보고 혀야지유. 그러고 나서 숨 좀 돌려도 돌려야 혀유."

봄이 오면 열에 약한 구제역 바이러스는 가라앉지만 이제 곧 환절기다. 돼지도 사람과 마찬가지로 추운 겨울에는 바이러스 질병에 노출되고 환절기에는 호흡기 질환에 잘 걸린다.

"네, 좋습니다, 농장장님. 이번 주는 환기 시설 점검하고 휴가는 다음 주로 미루겠습니다. 그래도 오늘 저녁 회식은 하시지요."

내가 제안했다. 어쨌든 봄은 왔고 구제역과의 힘든 전쟁은 끝났다.

## 구제역과의 전쟁

2010년 겨울, 전국을 강타한 후 한동안 잠잠했던 가축 전염병 구제역이 2014년이 되어 다시 고개를 들기 시작했다. 2014년 7월 의성에서 반짝 발병되었던 구제역은 2014년 12월 충북 진천의 한 농장을 시작으로 다시 경기도, 강원도, 충청도 등 전국을 휩쓸기 시작했다.

나는 틈틈이 농장 축사가 있는 언덕에 올라 바람의 방향을 확인한다. 그리고 남쪽 방향, 구제역으로 타격을 받은 인근 양돈 농장을 주시했다. 몇 달째 반복하는 일상이다. 오늘도 바람의 방향은 서풍, 나는 안도의 한숨을 쉰다.

'구제역'은 발굽이 2개인 소, 돼지, 염소, 사슴 같은 우제류(偶蹄類) 동물의 입과 발굽 주변에 물집을 발생시킨 뒤 가축을 죽음에 이르게 하는 병이다. 치사율이 최고 55%에 달하고 전염성이 높아 농림축산식품부령으로 정한 제1종 가축전염병이다. 2010년 겨울 전국을 강타한 구제역의 악몽은 모든 축산 농가의 내면 깊숙이 상처로 자리 잡고 있다.

2014년 겨울, 충북에서 구제역이 발병했다는 뉴스가 나오자 우리 농장이 있는 홍성군 전체가 비상체제에 들어갔다. 군청 공무원들은 추운 겨울 도로 곳곳에 거점 소독시설을 설치하고 휴일 밤낮 구분 없이 차량 소독에 만전을 기했다. 심지어 인근 군부대는 화생방 차량까지 동원하여 수시로 도로를 소독하고 세척했다. 혹시 도로에 잔류하고 있을지도 모르는 구제역 균을 박멸하기 위해서이다.

축산 농가도 마찬가지이다. 가급적 농장 밖 출입을 자제하고, 외부인의 농장 출입을 통제한다. 사료수송 차량이나 수의사처럼 불가피하게 농장에 출입해야 하는 차량이나 사람들이 있으면, 몇 번의 소독 절차를 거쳐야 농장 출입을 허락한다. 축산인 사이의 모임도 모두 취소된다. 홍성과는 멀리 떨어진 충북 진천에서 구제역이 발생했지만 구제역은 전파력이 높은 바이러스라서 축산 관계자들은 바짝 긴장 상태에 돌입하게 되는 것이다.

하지만 이러한 노력에도 불구하고 구제역 전염을 막는 데에는 한계가 있다. 구제역은 사람, 돼지, 차량뿐만 아니라 새, 노루, 들쥐 같은 야생동물이 전파하기도 하고 바람을 타고 공기 중으로 확산되기도 한다. 농장이 외부인의 출입을 통제하고, 지역 공무원들이 주요 지점에서 밤낮 방역 소독을 실시한들, 하늘을 날아다니는 새의 이동을 막을 수도 바람의 방향을 바꿀 수도 없는 노릇이다. 결국 구제역에 대처하기 위해서는 방역에 최선을 다하고 예방백신을 접종하는 수밖에 없다.

"워워워… 이쪽으로 몰아줘유, 대표님… 됐시유."

"이제 몇 마리 남았습니까, 농장장님?"

"아이구… 이제 반이나 혔나…. 좀 쉬었다 혀유, 대표님."

홍성군 전 축산 농가 차원의 일괄 백신 접종 방침이 내려졌다. '일괄 백신 접종'이란 일시에 모든 돼지에게 백신을 접종하는 조치를 말한다. 일종의 백신 융단폭격 같은 것이다. '돼지가 5천 마리도 넘는데 하루 이틀 만에 어떻게 다 접종을 하지?' 나는 한숨이 절로 나왔다.

우리 직원이 7명이니, 대충 일 인당 7백 마리씩 도맡아 백신을 해야 한다는 얘기다. 우리 농장은 '일 두 일 침'의 원칙을 지킨다. 질병 전염을 막기 위해서 돼지 한 마리에 백신 접종을 할 때마다 바늘을 교체한다. 5천 마리 돼지를 한 마리씩 잡아서, 지방이 가장 얇게 분포한 귀 뒤쪽 부위에 백신을 접종한다. 주사를 놓은 돼지는 등에 붉은 스프레이로 표시를 한다.

주사를 놓을 때는 주사바늘을 깊숙이 직각으로 잘 꽂아 조심해서 놓아야 한다. 주사를 잘못 놓으면 가끔 화농이 발생하여 이른바 '이상육'

이 생기기도 한다. 사람이야 자발적으로 예방백신을 맞으니 주사 놓는 일이 쉽지만 돼지는 이리저리 움직이기 때문에 일괄 백신 접종을 하려면 온 직원이 진이 빠진다.

　나도 거들었지만 현장에 익숙하지 않으니 시간이 지체되고 어설프다. 축사 현장일은 확실히 경험과 팀워크가 중요하다. 며칠이 걸려도 다 못할 일을 전 직원이 합심해서 이틀 꼬박 고생한 끝에 마무리하였다.

### 물백신이 주는 교훈

백신을 접종하는 등 철저한 예방에도 불구하고 구제역이 확산되기 시작했다. 지도상에 표시되는 구제역 발생 지역이 서서히 홍성군 인근 지역까지 확대되었다. 정부 방역 당국자들은 구제역에 감염된 농장을 봉쇄조치하고 돼지의 살처분에 들어갔다. 얼마 지나지 않아 방역 당국은 구제역 발병 원인을 '백신 미 접종'이라고 발표했다. 당국은 백신을 제대로 놓지 않은 농장에 벌금을 부과했고, 또한 이들 농장에 대해서는 돼지 살처분 보상금도 대폭 삭감했다.

　그런데 구제역 발병 농가가 하나둘 늘어나면서 정부가 배포한 백신에 대한 이상한 소문이 돌기 시작했다.

　"이 대표, 들었어? 지금 정부가 선정한 백신이 '물백신'이래. 돼지에게 맞혀도 효과가 하나도 없다고 난리여. 이거 진짜 큰일이여…."

　이웃 양돈 농장 대표가 전화를 걸어왔다.

　"그럴 리가요? 정부 방역당국에서 여러 백신들을 종합적으로 비교

검토해서 선정한 백신이라고 들었습니다. 정부가 싸구려 백신을 공급해서 이윤을 남길 의도도 없을 테고, 축산 농가들을 위해서라도 좋은 제품을 선택했겠지요."

나는 이웃 농장 대표 의견에 반박하였다.

"허허, 아니라니까. 지난번에 백신 안 해서 구제역 발병했다고 언론에 나온 농장들 대부분 백신 접종을 열심히 했대. 그 사람들이 바보간? 구제역에 걸리면 농장에 엄청 손해가 나는데…. 정부에서 뜯어말려도 백신을 하지 왜 안 하겠어?"

듣고 보니 그랬다. 백신을 안 해서 구제역이 발병하면 농장에는 대재앙이 내린다. 어느 농장주가 백신을 안 맞히겠는가?

그러나 정부는 '백신이 안 든다'고 호소하는 축산 농가들의 말을 귀담아 듣지 않았다. 급기야 구제역 공포가 돼지고기를 소비하는 도시의 일반 소비자에까지 확산되자 대부분의 언론 매체는 '백신만 잘하면 된다, 구제역 확산은 백신을 하지 않은 축산 농가의 책임이다'라는 정부를 대변하는 면책성 홍보 기사를 가득 채웠다. '백신이 안 든다'는 현장 농민의 목소리는 완전히 묻히고, 가뜩이나 구제역 감염으로 망연자실한 축산 농가는 졸지에 정부 지침을 위반한 파렴치범으로 몰렸다.

대다수의 언론은 정부에서 발표하는 이야기를 그대로 받아 적었고 심지어 어떤 중앙 경제지는 방역당국자의 멋들어진 단독 인터뷰 기사를 실었다. 그는 인터뷰에서 '우리나라 방역 기술과 수준은 세계적인 수준이고 백신은 아무 문제가 없으며, 농민이 백신만 제대로 접종해서 항체만 형성되면 한 달 안에 구제역 확산은 멈출 것'이라고 호언장담

했다.

해를 넘기고 2015년 2월이 되자, 구제역 바이러스는 홍성까지 날아들었다. 충남 홍성군은 전국 최대의 축산 단지이다. 돼지 단위 사육 규모가 충청북도나 제주도보다 더 많다. 우리 농장과 멀지 않은 양돈 단지에 구제역을 앓는 돼지가 한두 마리 생겨났다. 그 인근에는 나와 아주 가까운 지인이 운영하는 농장이 있다.

"농장 상황은 어때요?"

나는 걱정이 되어 지인에게 전화를 했다.

"전 직원 외부 출입은 금지시키고 밤낮 농장 전체를 소독하고 악착같이 버티고 있어요. 다행히 우리 농장 쪽으로는 아직 구제역이 퍼지지 않았어요."

지인이 답했다. 직접 만나서 걱정되는 마음도 나누고 대책도 논의하고 싶지만 전염 위험이 있으니 서로 전화밖에 못하는 형편이다.

그 마을 진입로에는 별도의 차단 방역 시설이 가설되었고, 마을을 출입하는 모든 차량과 사람들은 방역당국의 통제를 따라야 했다. 각 농장들은 이를 악물고 농장을 사수해야 한다. 혹시 농장 외부로 나갔다 구제역 바이러스를 옮겨올 수도 있으니 농장 안에서 몇 주일이고 숙식을 해결하며 버텨야 한다. 하지만 아무리 방역과 백신을 열심히 해도 구제역 확산을 막기는 역부족이다.

결국 구제역을 막아내지 못한 농장주는 죄인처럼 고개를 숙인다. 하얀 방역복을 입은 정부 방역 요원이 농장에 도착하여 차단대를 설치한다. 농장 입구는 봉쇄되고 소독 차량이 등장해 농장 전체와 인근에 대한 소독을 강화한다. 정부 방역 요원은 농장 내 돼지들의 감염 상태를 확인하고 돼지의 살처분을 결정한다.

농장 한 곳에 구덩이를 파고 FRP 플라스틱 통을 묻는다. 살처분하여 발생한 오염수가 외부로 유출되는 것을 막기 위해서이다. 고통 없이 죽는 주사를 맞은 돼지들은 한 마리 두 마리씩 쓰러지고 돼지의 주검은 FRP 플라스틱 통에 쌓인다. 이 과정을 더 이상 구제역 증세가 나타나지 않을 때까지 반복한다.

심한 경우 한 축사 내 돼지 전체가 사형선고를 받기도 한다. 이런 경우에는 농장 인근의 마을 전체 분위기도 우울해진다. 구제역을 맞은 농장은 마을에도 죄인이 되는 것이다. 모두 이 상황이 빨리 종식되길 기다릴 뿐이다. 하지만 바람과 다르게 구제역은 잦아들 기미를 보이지 않았고, 홍성 지역에도 점점 확산되어 갔다. 철저히 백신을 한 농장도 구제역 감염이 이어졌다. 물백신임이 틀림없어 보였다.

나는 하루에 몇 번이고 농장 언덕에 올라 구제역이 창궐하고 있는 남쪽 몇 킬로미터 밖에 위치한 이웃 농장을 바라본다. 이곳은 소리 없는 전쟁터다. 마치 집중 포격을 받고 있는 이웃 진지를 바라보는 사령관의 심정이다. 나는 풍향을 살핀다. 구제역이 공기로도 전파되기 때문이다. 겨울바람 방향은 북서풍이다. 다행히 바람이 비껴가서 구제역 감염 지역의 바이러스가 우리 농장 방향으로는 확산되지 않을 듯하다. 사람 마음은 참 간사하다. 이웃 농장을 걱정하면서 동시에 우리 농장이 아직 무사함에 안도의 한숨을 쉰다.

구제역이 잦아들지 않자 '가축 이동 제한조치'가 자동 연장되었다.

'가축 이동 제한조치'란 질병 발생 우려 지역에 있는 가축은 축사 밖으로 이동이 불가하다는 조치다. 구제역 인근 지역에 위치해 이동 제한 조치에 걸린 농장들은 고민거리가 생겼다. 돼지를 출하할 수 없으니 늘어나는 돼지 수를 감당하지 못한다.

모돈은 계속해서 새끼를 낳고 새끼 돼지는 쑥쑥 자라난다. 한겨울이라 돼지를 축사 밖에서 키울 수도 없으니 축사 안은 돼지로 발 디딜 틈이 없다. 현장 직원들은 그 사이를 비집고 들어가 혹시 구제역 증상이 없는지 돼지를 잘 살펴봐야 한다. 이런 기간이 한 달 두 달 넘어가면서 돼지도 사람도 지쳐갔다. 그렇다고 돼지 돌보기를 멈출 수는 없다. 비좁고 어두운 축사 한 구석에 혹시 아픈 돼지 한 마리가 시름시름 앓고 있을지도 모를 일이다.

그렇게 하루하루 긴장 속에서 시간이 흘러갔다. 다행히 구제역 바이러스는 열에 약하다. 겨울이 지나 봄이 오면서 구제역은 서서히 잦아들기 시작했다. 4월 어느 날 홍성 지역의 구제역이 공식 종료되었다. 다행히 우리 농장은 구제역을 비켜갔다. 아마도 운이 좋아서일 것이다. 문득 주변을 둘러보니 봄은 흐드러지게 꽃을 피워내며 제 계절을 자랑하고 있었다. 춘래불사춘(春來不似春)이라…. 봄이 왔으나 구제역이 할퀴고 간 내 마음에는 아직 봄이 오지 않았다. 2014년 겨울을 지나 2015년 봄까지, 나는 극도의 긴장감을 느끼며 하루하루를 보냈다.

### 우리 농장은 우리가 지킨다

2015년 6월 농림식품부는 구제역 관련 감사결과를 발표했다. 구제역이 창궐할 당시, 중앙 경제지와 인터뷰했던 검역본부장을 포함한 관련자 5명을 징계위원회에 회부했다. 조사 결과에 따르면 2014년 9월, 농림식품부 검역본부는 양돈 농장에 보급했던 백신의 효력이 없음을 이미 알고 있었다고 한다. 책임을 회피하기 위해 이 사실을 숨긴 것이다. 감사를 통해 이 사실이 밝혀졌지만, 책임자에 대한 징계는 감봉 1개월에 그쳤고 고위 공무원은 직급을 유지하였다. 또한 방역 당국은 농민들에게 어떠한 사과 발언도 하지 않았다.

같은 해 여름 구제역에 이어 메르스가 온 나라를 혼란에 빠뜨렸다. 마침 양돈 축산인의 저녁 식사 모임을 가졌는데 이웃 농장 대표가 말을 꺼냈다.

"그래도 사람의 생명이 걸린 질병이라 정부가 구제역보다는 더 잘 대처할 줄 알았는데, 전염병 대책이 영 기대 이하야…."

"그러게, 돌아가는 상황을 보니 보건부 메르스 대처가 농림부 구제역 대처만 못해 보여."

누군가가 맞장구를 쳤다.

"도토리 키재기지만 우리야 구제역을 여러 번 겪었으니 대처가 그나마 조금 더 나은 것 아닐까?"

내가 말을 거들었다.

"앞으로 예상치 못한 질병이 해외에서 다시 유입되면 어떻게 될 것 같아?"

또 다른 농장대표가 말했다.

"글쎄, 돼지는 돼지대로 사람은 사람대로 홍역을 치렀으니 다음에는 좀 더 낫지 않을까?"

"세상에 믿을 놈이 없어. 이번에도 봤잖아. 공무원이 물백신인지 알고도 어떻게 그럴 수가 있어? 결국 우리 농장은 우리 스스로가 지켜야 돼."

모두가 격분하며 이 말에 공감했다. 이 날 저녁, 양돈 축산인들이 내린 서글픈 결론이다.

사실 메르스나 구제역 같은 질병은 해외에서 유입된 것들이다. 해외 테러리스트의 국내 입국을 막아야 하듯, 해외에서 유입되는 질병은 국경에서부터 차단하는 것이 상책이고 이는 국가의 책무이다. 하지만 우리나라가 개방되고 수많은 사람들이 공항이나 항구를 통하여 국내외를 오가다 보니 과거에는 상상할 수 없는 질병이 국내에 전파될 수 있다.

돌이켜보니 2013년 겨울에도 돼지 설사병이 돌아서 많은 농장들이 피해를 보았다. 나중에 밝혀진 돼지 설사병의 감염 경로는 중국 → 미국 → 한국이었다. 중국에서 발병하여 미국을 덮친 설사병 바이러스가 우리나라까지 전파되는 데는 불과 1년도 걸리지 않았다고 한다. 사람이든 동물이든 개방화 시대에는 새로운 질병에 노출될 위험이 그만큼 커졌다. 해외 질병의 국내 감염은 개방에 따른 대가이다.

돼지농장을 한다는 것은 질병과의 싸움이다. 가을이 지나 찬바람이 불면 바이러스와 한바탕 전쟁을 치러야 한다. 겨울이 지나면 숨 쉴 틈도 없이 환절기가 찾아온다. 미리 잘 대비하지 않으면 호흡기 질병이 농장을 엄습한다. 그러다 보면 여름 무더위가 찾아오고, 무더위가 끝났다 싶으면 다시 환절기가 찾아온다. 사시사철 농장 환경과 질병 예방으로 씨름하는 일, 어쩌면 이것이 축산인의 숙명인 것이다. 농장 경영자로서 구제역을 겪고 난 뒤 얻은 깨달음이다.

# 부도 직전 농장에서
# 성과금 지급까지

"이렇게 한 해가 다 갔습니다. 다들 수고 많았습니다. 올 겨울은 아직 구제역 소식이 안 들리니 다행입니다."

2015년 12월 14일, 오늘은 농장 송년회가 있는 날이다. 아침 회의에서 나는 직원들에게 감사의 마음을 전했다.

"그러게유. 올해는 그래도 별일 없이 지나가려나 봐유. 아무튼 농장이 이제 자리를 잡아 나가니 다행이지유. 대표님도 수고 많았구만유."

농장장이 내 말을 이어받았다.

"그나저나 오늘 서울 간다고 농장을 다 비우면 돼지들 저녁 사료는 어떻게 먹이나요?"

현장 직원 한 명이 돼지 걱정을 한다.

"좀 불안혀두 오늘은 허는 수 없지. 평소보다 일찍 저녁 사료 먹이고 출발혀야지. 출발 전에 돈사는 한 번 더 살펴보자구."

농장장이 답한다.

우리 농장의 송년회는 좀 특별하다. 이 날은 농장 직원들뿐만 아니라 그에 딸린 식구들, 거래처까지 모두 함께 만나서 맛있는 음식을 먹으며 1년 동안의 노고를 치하하는 자리다.

"멀리 이곳 서울까지 올해도 많은 분들이 모였습니다. 인사드리겠습니다, 저는 성우농장 대표 이도헌입니다. 그리고 이쪽 테이블은 농장 직원들과 가족 여러분, 저쪽은 우리 농장에 사료와 약품을 가져다주는 홍성 대리점 직원들이십니다. 송년회는 '좀 더 색다른 곳, 모두가 좋아할 만한 곳이 어딜까' 해서 아예 서울로 왔습니다. 다들 좋아하는 음식이 다르고 연령층도 다양해서 뷔페식당을 잡았습니다. 부디 맛있게 드시고 재미나게 얘기 나누십시오. 늘 함께 해주신 가족과 거래처 여러분 올 한 해도 고맙습니다."

올 송년회는 서울 잠실에 위치한 L호텔 뷔페식당에서 갖기로 했다. 대부분 홍성에서 출발하니까 이날은 아예 버스 한 대를 대절해서 단체 나들이를 떠난다. 호텔 측은 작은 홀 하나에 맛깔스럽게 음식을 차려주었다. 이 날은 멀리 떨어져 사는 직원 가족들 상봉의 날이기도 하다. 송년회는 직원들의 가족 모임도 겸해서 치러진다. 서울, 대전에 사는 아들딸과 그 자제들까지, 농장식구 삼대가 함께 하는 자리다.

예순을 훌쩍 넘긴 김부장님은 오랜만에 만난 손자를 안고 즐거워한다. 농장 환경 관리를 담당하는 허이사는 딸을 데리고 왔다. 작년에 만난 또래 친구들과 재회하여 재잘거리기 바쁘다. 고등학생이었던 농장장의 고명딸은 어엿한 대학생이 되어서 이번 송년회에 나타났다.

송년회에 참석한 농장 가족들을 지켜보며 나는 마음이 뿌듯했다. 이제 우리 농장도 어느 정도 자리를 잡았다. 올해 돈가가 회복된 덕도 봤지만 농장 직원 모두가 마음을 모아 노력한 결과였다. 그동안 고비도 많았지만 농장 식구들 모두 힘든 파고를 잘 넘어왔다. 늘 응원하고 곁을 지켜주는 가족들이 있으니 우리 농장도 잘된 것이다. 나는 한쪽 테이블에 앉아서 정겹게 대화를 나누는 농장 가족들을 바라보며 지나간 시간을 회상하였다.

## 10년 예상 농장 정상화를 2년 반 만에

"농장이 안정되는 데 십 년은 걸릴 것이라 각오하고 있었는데 대단한 성과입니다, 대표님."

농장 결산 결과를 보며 한 출자자가 고마움을 전했다.

"2년 반 전, 힘든 상황에서 출자자, 농장 직원들이 한 마음으로 노력한 결과입니다. 농장 직원들의 고생이 컸으니, 올해는 성과급을 지급했으면 합니다."

"네, 좋습니다. 계획한 대로 성과급을 지급하기로 하지요."

출자자들은 나의 제안을 선선히 받아들이며 이런 제안을 했다.

"가능하면 이 대표님이 계속 농장을 맡아서 끌고 나가면 어떨까요?"

"네, 위기 상황에서 엉겁결에 대표를 맡았는데, 그 사이 농장 경영에 재미를 많이 붙인 것도 사실입니다. 하하하, 긍정적으로 한번 생각해보겠습니다."

계속 대표를 맡으면 어떻겠냐는 출자자의 제안에 나는 뿌듯한 마음을 내비치며 답하였다.

 농장의 생산성은 전국 어디에 내놓아도 부끄럽지 않은 수준에 올랐다. 그리고 부도 직전까지 갔던 농장의 재무 사정도 많이 좋아졌다. 송년회를 앞두고 2015년 1년간의 재무 결과를 어림잡아 보니, 그 전 대표 재임 기간 누적됐던 손실도 대부분 만회했다.

 마침내 농장 직원들에게 성과급도 지급할 수 있었고 대학에 진학한 농장 직원 자녀 학자금 지원도 약속대로 이행하였다. 신용불량자였던 직원도 채무를 모두 상환하고 당당히 4대 보험의 혜택을 받고 있다. 농장은 생산·재무·인사 모든 면에서 '정상화' 되었다. 나름의 기준에 따라 성과급을 결정하고 직원들에게 통지하고 나니, 그동안의 고생을 결실의 열매로 딸 수 있어서 마음 가득 감사하고 행복했다.

 나는 '농장 정상화'와 내 거취를 생각해 보았다. 애당초 나는 농장의 대표를 맡을 생각은 없었다. 2013년 여름 농장 대표를 맡게 된 상황을 야구에 비교하자면, 팔짱 끼고 경기를 관전하며 벤치에 앉아 있는 대기 선수, 이른바 벤치 워머가 얼떨결에 원 포인트 구원투수로 마운드에 오른 꼴이었다. 다행스럽게 우리 농장 타자들이 점수도 내고 수비도 잘해주어서 이제 다시 동점을 만든 상황, 2015년 겨울이 그러했다.

 '이제 마운드에서 내려와야 할까?' 나는 스스로에게 반문했다. 축산 전문가에게 대표의 자리를 내주고 투자자의 위치로 다시 돌아갈 것인지 진지하게 고민했다. 하지만 눈에 밟히는 얼굴들이 있고, 또한 시골이라는 공간이 주는 여유로움에 어느새 익숙해져 있었다. 나는 농장 대표로 살기로 마음을 굳혔다.

　충남 홍성에 귀농하여 농장 일을 맡으며 내가 정을 붙인 사람들의 얼굴이 떠올랐다. 마을에 분뇨 냄새 풍기는 돼지농장의 대표를 한결같이 따뜻하게 대해주는 이장님, 마을 발전 추진 위원장님 등 마을 분들의 얼굴이 가장 먼저 떠올랐다. 그리고 어려운 고비를 함께 넘긴 직원들, '앞으로 살면서 이렇게 좋은 팀워크를 다시 만들 수 있을까' 하는 생각이 들었다. 어려울 때 나를 격려하고 훈수도 해주던 홍성의 내 또래 축산인들도 이제 나의 가장 가까운 친구가 되었다.

　솔직히 이제는 대도시에서 산다는 것이 엄두가 나지 않는다. 홍성에서는 교통 정체로 스트레스 받을 일이 없다. 일을 하다 머리를 식히고 싶을 때, 차를 몰고 몇 분만 달려 나가면 홍성 호반과 서해가 나를 반겨준다. 늦은 오후에서 석양이 질 무렵 홍성 호반을 거닐고 서해의 일몰을 바라보면, 마음속에 남아 있던 상념은 눈 녹듯이 사라지고 내 마음은 생기로 재충전된다. 홍성 호반에 나가면 '기를 받는다'고 나는 서울 친구들에게 이야기하곤 한다.

　또한 홍성은 기차를 타고 두 시간이면 서울에 다녀올 수 있는 거리에 있다. 볼일이 있으면 부담 없이 다녀올 수 있다. 학교 친구들을 만나거나 보고 싶은 전시회가 있을 때 마실 나가듯 접하는 서울이 내겐 더 편하게 느껴졌다. 나들이로 찾는 서울이 생업으로 사는 서울보다 훨씬 더 친근감이 있다.

　내가 농장 대표를 계속 맡기로 결심한 보다 솔직한 속내는 어쩌면 누군가는 풀어야 할 어려운 숙제를 내가 풀어보고픈 사명감 어린 일 욕심 때문인지도 모르겠다. 농장 대표를 맡으며 직간접적으로 겪었던 일들이 우리 농장이나 마을에 한정된 것이 아니라고 생각했다. 한여름에 에어컨을 설치하고 가뭄에 물 부족으로 관정을 팠던 일, 농장을 파산직전까지 몰고 갔던 돼지 가격 폭락, 배추 가격 폭락과 쌀값 하락으로 한숨짓던 우리 마을 주민들의 시름이 떠올랐다.

우리 농장이, 우리 마을 작목반이 열심히 일한다고 이런 상황을 극복할 수 있을까? 나는 좀 더 고민해 보고 싶다. 내가 이 문제를 해결할 수는 없겠지만, 적어도 내가 있는 홍성군 결성면의 우리 농장에서는 이 문제에 대한 해결책을 찾고 싶었다.

우리 농장을 보더라도 지난 2년 반 동안 해결했던 일보다 앞으로 해야 할 일들이 훨씬 더 많아 보였다. 방목장도 만들고 자돈사도 새로 지었지만, 농장 시설을 더 잘 만들고 싶고 나무도 심고 꽃도 심어 냄새 나는 농장을 좀 더 근사한 곳으로 만들고 싶다. 돼지를 싣고 대도시에 가서 체험했던 축산 유통에 관한 숙제도 멋지게 풀고 싶다. 농장이 안정되었으니 이제는 과거 금융업과 ICT관련 일을 하며 쌓았던 경험과 지식을 한껏 농촌 현장에 풀어놓고 싶다.

마음먹기에 따라 앞으로 내가 도전해볼 만한 일들이 도처에 보였다. 보통 내 나이에 이르면 눈치 보며 자리 지키기에 급급하거나 정년퇴직이나 명예퇴직을 준비하기 마련이다. 문득 나를 필요로 하는 곳이 있고 도전할 일이 많다는 사실이 너무나 고맙게 느껴졌다. 서울 한복판 고층 건물 사무실, 멋진 자리가 아니어도 좋다. 나는 농장 대표로 내가 서 있는 이 자리에 눌러앉기로 했다. 그리고 내가 꿈꾸는 농장을 스스로 가꾸어 나가기로 결심했다.

### 철재 스톨에서 돼지를 해방시키다

2년 반 동안 많은 것이 바뀌었다. 농장의 시설설비를 조금씩 늘려갈 수 있어서 그나마 다행이었다. 숨 막히는 찜통더위에 대비하여 에어컨을 2년에 걸쳐 설치했고 환기팬도 충분히 달아주었다. 이제 우리 돼지들은 아주 더운 여름 날씨에도 허덕이지 않고 잘 지낼 수 있다.

우리 농장에는 새끼 돼지, 자돈을 키우는 축사가 따로 없었다. 돼지의 생산성을 관리하기 위해서는 농장 축사 시스템도 돼지의 성장과정에 맞게 설비를 갖추어야 한다. 돼지는 임신 → 분만/포유 → 자돈 → 비육돈의 단계를 거친다. 사람에 비유하면 임산부 → 영유아 → 소년 → 성인 단계로 볼 수 있다. 사람이 성장 단계별로 필요한 생활환경이 다르듯 돼지도 각 성장 단계별 특성에 맞는 공간과 환경이 필요하다.

이를테면 성인에 해당하는 비육돈이나 임신돈은 20~24도 내외의 온도를 좋아하는 반면, 자돈은 29~31도의 약간은 습한 환경에서 잘 큰다. 또한 돼지가 자라면서 먹는 사료의 성분도 성장 시기별로 다르다. 돼지에게 사료를 담아 공급하는 '급이기' 역시 돼지의 성장에 맞춰 다른 것을 써야 한다.

그동안은 임시방편으로 엄마 돼지가 있는 한쪽 구역을 변경해서 새끼 돼지를 키웠다. 아무리 구조 변경을 해도 기본적으로 모돈을 위해 설계된 공간이다 보니 자돈을 키우기에는 문제가 많았다. 내가 대표를 맡고 나서 자돈사를 새로 지었다. 자돈사를 지으니 현장 직원들의 농장

업무가 많이 편해졌다. 우리 농장 새끼 돼지들도 예전보다 훨씬 넓고 쾌적한 환경에서 잘 자라고 있다.

우리 농장은 돼지가 살아있는 동안이라도 좀 더 편히 지낼 수 있도록 이른바, 돼지 감금틀이라 불리는 철재로 만들어진 돼지 '스톨(stall)'을 축사에서 부분적으로 걷어냈다. 동물의 생태를 고려하여 '동물복지'를 실천하기 위해서 엄마 돼지 모돈을 축사 내에서 방목한다.

같은 공간에 있는 돼지들은 서열을 정하고 서로 좋은 자리를 차지하려는 습성이 있다. 예를 들면 좀 더 햇빛이 잘 들고 사료 먹기 편한 자리를 서열이 가장 높은 돼지가 차지하는 식이다. 돼지들은 투쟁을 하며 때로는 격렬한 몸싸움을 벌이기도 한다. 임신한 모돈이 이와 같은 투쟁을 벌이기 시작하면 상처를 입거나 유산 등으로 분만에 타격을 입기도 한다. 스톨은 이와 같은 부작용을 막기 위하여 축산 선진국인 덴마크를 포함한 전 세계의 공장형 돼지농장에서 이뤄지고 있는 표준화된 관행이다.

그런데 동물복지에 대한 관심이 높아지면서 유럽에 있는 돼지농장에서부터 '엄마 돼지를 스톨에서 해방시키자'는 움직임이 생겨났다. 사람도 임신 초기 단계에서 몸조심을 하듯이, 임신 초기에는 유산 방지를 위하여 스톨에서 모돈을 키우더라도, 임신 초기 단계가 지나면 돼지들을 스톨에서 풀어주어 축사 안을 자유롭게 다니도록 하는 사육 방식이다. 말은 쉬워 보이지만 기존 사육과 환기 방식을 바꿔야 하는 번거로움이 있고 또 모돈끼리의 싸움에서 생기는 피해도 감수해야 한다.

방목을 처음 도입했을 때는 시행착오가 많았다. 늘 축사의 스톨에

갇혀 있는 돼지를 자유롭게 풀어놓자 우려한 부작용이 발생했다. 고정된 스톨에서 사료를 먹던 돼지를 풀어놓으니 제 밥그릇인 급이기를 찾지 못하여 제때 사료를 먹지 못하는 돼지가 생겨났다. 서로 다투던 모돈이 부상을 입는 경우도 속출했다. 이런 부작용을 어떻게 하면 줄일 수 있을지 농장장을 비롯해 현장 직원들이 고심했다. 다행히 돼지별로 특성을 파악, 그룹화 하여 방목 공간을 할당하면서 우려했던 부작용을 줄여나갈 수 있다. 돼지들도 서서히 새로운 환경에 적응해 갔다.

이제 방목은 우리 농장 시스템의 한 부분으로 자리 잡았다. 돼지에게 자유로운 활동을 허락하자, 돼지는 몸이 튼튼해져서 오히려 농장 생산성에 일조를 한다.

### 자연에서 뛰어노는 방목을 꿈꾸며

돼지는 품종에 따라 생태적 특성이 다르다. 품종은 크게 밝은 색의 '백돈'과 어두운 색의 '유색돈'으로 구분한다. 백돈은 요크셔, 랜드레이스와 같은 품종이다. 이들 품종은 성장 속도가 빠르며 새끼를 많이 낳는 특성이 있다. 덕분에 다른 품종에 비해 생산성이 높아 가격 경쟁력이 좋다. 유색돈은 우리나라 고유재래종, 버크셔, 듀록 등과 같은 품종이다. 이들 품종은 성장 속도가 느리고 분만하는 자돈 숫자도 백돈보다 적다. 대신 유색돈은 백돈보다 육질이 뛰어나서 해외에서는 유색돈이 한우처럼 고급육으로 인정받는다.

우리나라의 경우 지리산 일대, 합천, 제주도 등지의 일부 지역 농가에서 유색돈을 출하한다. 하지만 대부분의 양돈 농가는 해외에서 들여

온 백돈을 국내에서 품종을 계량하여 백돈 돼지고기를 생산한다. 우리나라에서는 돼지고기가 서민을 위한 저렴한 고기로 자리 잡고 있어서 가격 경쟁력이 가장 중요하기 때문이다.

나는 우리 농장만의 차별화된 돼지고기 생산에 관심이 있다. 우리나라에서는 최고급 돼지 생산과 판매가 불가능할까? 외국처럼 다품종 소량 고급화 전략을 세워 최고급 돼지를 생산하면 어떨까? 나는 실험해 보고 싶었다. 육질이 뛰어난 유색돈을 키우되 갑갑한 축사가 아니라 사방이 뻥 뚫린 들판에서 방목하여 키운다. 돼지 한 마리당 공간 면적을 넓게 하여 자유롭게 뛰어놀게 한다. 그러면 질병 감염의 위험도 줄어들어 약품, 항생제 투약도 최소화할 수 있다.

우리 농장은 흑돈, 버크셔 품종 돼지를 몇 마리 데리고 와서 야외에 울타리를 치고 방목을 시도하였다. 이전에 시도한 적 없는 새로운 품종의 실험 사육이다. 홍성 지역 땅은 황토질이다. 그래서일까? 돼지들은 흙구덩이를 파고 황토 흙을 먹으며 자랐다. 더디게 컸지만 병에 강했고 별도의 약품 투약 없이 잘 자라났다. 아직 시장의 소비자가 고급 돼지육을 선호하는지 수요가 확인되지 않았다. 한 번의 시험 방목 결과를 갖고 섣불리 어떤 판단을 내리기도 힘들다. 하지만 이런 실험이 향후 우리 농장의 미래와 관련한 의미 있는 씨앗이자 계기가 되었으면 하는 바람이다.

농촌은 도시민이 입고 먹고 마시며
따뜻한 보금자리를 만끽할 수 있도록 모든 것을 지원한다.
발전소에서 전기를, 토지에서 식량을,
강과 댐에서 물을 도시로 공급한다.
농촌 없이 도시는 존재할 수 없다.

Part 3

# 경계인의 눈으로 본 농촌과 도시의 삶

# 친환경 농축산물, 과연 누구를 위한 것인가

"돼지를 시험적으로 방목해서 키워 보신다면서요? 방목하여 키운 돼지는 일반 사육 돼지보다 사람에게 더 안전하고 맛있는 고기가 될 겁니다…."

방목하는 돼지가 있다는 말에 친환경 농축산업을 지지하는 분이 뿌듯한 듯 내게 격려의 말을 보냈다.

나는 돌연 이런 질문을 했다.

"방목한 돼지가 먹거리로서 더 안전할까요?"

"물론이지요, 사람도 스트레스를 받으면 신체에서 독성물질이 분비되지 않습니까? 동물도 스트레스 받지 않고 자라난 돼지가 더 좋을 겁니다."

그가 대답했다.

"아, 네… 그럴 수 있겠군요. 그런데 방목을 하면 돼지의 운동량이 많아지지요. 운동을 많이 하면 돼지 근육량이 늘어서 고기가 질겨지고 맛은 떨어질 수도 있습니다."

우리 농장에서 시험적으로 시도하고 있는 '방목 돼지'를 두고 어떤 분과 나눈 대화이다.

정말로 돼지도 인간처럼 자유를 갈구할까? 자연을 자유로이 활보하는 멧돼지가 스트레스를 많이 받을까? 아니면 우리 농장 축사에서 키운 돼지가 스트레스를 더 많이 받을까?

혼자서 상상의 나래를 펼쳐본다. 산속의 멧돼지! 매일 먹을 것을 찾아 산속을 헤매는 멧돼지는 스트레스 제로의 자유를 만끽할까? 아니면 주린 배를 움켜쥐고 산속을 헤맬까? 시험적으로 제한된 공간에 돼지를 방목하면서, 나는 멧돼지가 자유를 만끽하기 위해서 산속을 쏘다니는 것은 아니라는 결론을 내렸다.

농장에서 방목을 한다고 돼지를 마냥 굶길 수는 없으니 방목장 한편에 항상 사료를 갖다놓았다. 그랬더니 돼지는 맛난 사료를 먹고 방목장 내에서 유유자적했다. 돼지가 정말 자유를 좋아한다면 방목장의 울타리를 뛰어넘는 탈출을 시도하지 않을까 염려가 되었다. 하지만 내가 우려했던 사태, 즉 돼지가 방목장 울타리를 뛰어넘어 자유로이 마을 논밭을 뛰어다니는 사건은 벌어지지 않았다.

## 국산 돼지고기, 정말 항생제 덩어리일까?

정말로 일반 돼지가 방목한 돼지보다 스트레스를 많이 받고, 그 스트레스로 인해 독성물질이 분비되는 것일까? 차분히 생각해 보면 스트레스 문제는 그리 간단한 문제가 아니다. 돼지가 식탁에 오르는 과정에서 농장의 돼지는 도축장으로 이동 → 도살 → 가공의 단계를 거친다. 돼지는 도축장으로 가는 덜컹거리는 낯선 트럭 안에서 더 스트레스를 받지 않을까? 또한 여러 농장의 돼지들이 모이는 도축장이라는 낯선 공간에서 죽음을 기다리는 돼지의 스트레스는 어떠할까? 물론 도축장 시설은 돼지가 도살의 고통을 느끼지 않도록 설계되어 있다.

나는 농장주로서 돼지의 행복에 대해 같이 고민해 주시는 분에게 늘 감사한 마음을 갖고 있다. 우리 소비자들이 식품 안전에 워낙 민감하다 보니, 아마도 그분은 식품 안전을 연결고리로 친환경 농축산물의 소비 저변이 확대되기를 기대했을 것이다. 하지만 나는 스트레스성 독성물질 여부로, 안전한 먹거리와 돼지의 행복을 연계하려는 논리에는 공감하기 힘들다. 식품 안전은 생산과 유통 전 과정에 걸친 복잡한 문제이다. 동물 복지와 식품 안전만 강조하다 보면, 다수의 선량한 일반 축산 농가들이 몸에 해로운 축산물을 생산한다는 오해를 받게 된다.

사실 '먹거리 안전'을 주제로 한 오해는 여기에서 그치지 않는다. 얼마 전 나는 어떤 강의를 들으러 가서, 우리나라 돼지고기에는 항생제 덩어리가 뭉쳐 있으니, 우리 돼지고기 대신에 안전한 유럽산 돼지고기를 먹어야 한다는 말을 들었다. 강사가 여담으로 한 말이다. '항생제 덩어리!' 이 말에 모두들 섬뜩하며 공감하는 표정이다. 하지만 돼지를 키우면서 내가 알게 된 '항생제 덩어리'의 진실은 이렇다.

사람이 겨울에 독감 예방주사를 맞듯이 농장에서는 인플루엔자나 구제역 같은 질병으로부터 돼지를 보호하기 위해 백신을 접종한다. 사람이 예방주사 덕분에 병원 갈 일이 줄어드는 것처럼, 돼지도 역시 접종을 하면 질병을 피할 수 있다. 한 번의 백신 접종이 항생제 사용을 줄일 수 있다는 말이다. 그런데 돼지에 백신 접종을 하다 보면 주사 맞는 부위가 일부 볼록하게 부풀어 오르는 흉터가 생긴다. 이 부위를 '이상 육'이라고 하는데 백신 접종의 부작용이다.

사람의 경우도 이러한 백신 접종의 부작용이 발생한다. 어린 시절 예방주사를 맞아본 40~50대들도 이른바 '이상 육' 하나쯤은 갖고 있다. 팔뚝에 맞는 예방주사 덕분에 나무옹이처럼 못나게 흉이 진 상처 말이다.

예방주사로 부풀어 오른 사람의 피부가 사람에게 해를 끼치지 않듯이 돼지 역시 주사를 맞아 생겨난 이상 육은 사람이 먹어도 해가 없다. 하지만 보기에 좋지 않으니, 이상 육이 생긴 돼지는 출하를 해도 제값을 받지 못한다. 축산 농민들은 돼지질병 예방을 위하여 피해를 감수하며 백신을 접종한다. 아마도 이런 실정을 모르는 누군가가 단순 흉터인 이상 육을 항생제 덩어리로 오인한 것이다. 항생제 오남용을 막고 돼지의 건강을 위해 예방접종을 실시한 농가가, 오히려 항생제를 덩어리로 주입하는 악덕업자로 오해와 의심을 받는 순간이다.

식품 안전은 매우 중요한 문제이다. 그리고 우리가 키우는 가축들에게 좋은 환경을 제공하는 일도 중요하다. 실제로 유럽의 축산 선진국들은 '동물의 행복'을 고려하는 차원에서 '동물복지형' 돼지 사육을 추진하고 있다. 동물복지를 시행하려면 기존의 농장 설비를 대폭 교체해야 하는 등 많은 투자가 필요하다. 그만큼 축산물 생산 비용이 올라가고 축산물 가격도 오를 것이다. 하지만 유럽은 동물복지를 전면 시행할 계획이다. 동물의 행복을 배려하는 마음으로 생산자와 소비자가 함께 그 비용을 분담하는 것이다. 우리나라에서도 서로의 불신을 지우고, 소비자와 생산자가 가축을 배려하며 머리를 맞대는 때가 왔으면 하는 마음 간절하다.

### 농약만 안 쓰면 친환경 농업일까?

"친환경으로 작물을 키우려면 어떻게 해야 하나요?"

나는 마을에 사는 경험 많은 농민에게 친환경 농법에 대해 물어보았다.

"이론과 현실은 달라. 현실적으로 비닐하우스부터 쳐야겠지."

"왜 비닐하우스를 치는 건가요?"

"정부의 친환경 인증을 받으려면 농약이나 화학비료가 일체 검출되면 안 되네. 농약도 인증 받은 비화학 농약, 비료도 유기비료를 써야 해. 그런데 친환경이 아닌 이웃 밭에 뿌린 농약이나 화학비료가 바람을 타고 들어오면 어떻게 되겠는가? 친환경으로 인정을 못 받게 되지."

"네… 농작물 보호를 위해 비닐하우스가 필요한 거군요."

"그뿐만이 아니지. 사실 제일 골치 아픈 건 잡초야. 그나마 비닐로 멀칭(mulching, 농작물을 재배할 때 경지토양의 표면을 덮어주는 일)을 하고 비닐하우스를 만들어야 잡초 문제도 해결하고 친환경 농산물 인증을 받을 수 있지. 잡초가 못 자라도록 볏짚이나 보릿짚, 목초로 덮기도 해.

하지만 비닐로 덮어주는 게 오래 쓰고 일손도 덜 수 있어서 실용적이야."

나는 이웃 농민과 대화를 나누면서 농촌에 비닐하우스가 많이 들어선 이유를 알 수 있었다.

'친환경'이란 무엇일까? 환경과 생태계를 보호하고 가급적 그 피해를 최소화하는 것이다. '친환경 제품'이란 무엇일까? 생산 판매 과정에서 환경을 보호하고 그 피해를 최소화하는 제품일 것이다. 그렇다면 '친환경 먹거리'는 무엇일까? 산지로부터의 운송, 가공에 이르는 전반적 단계에서 환경 및 생태계의 피해를 최소화하여 소비자뿐만 아니라 생산자들의 안전과 건강을 함께 지키는 제품이 아닐까? 아마도 친환경 농산물의 기준, 화학비료와 농약 사용을 금지한 이유도 이들이 농촌의 자연 생태계에 부정적인 영향을 미치기 때문일 것이다.

그렇다면 '친환경 농산물 생산'을 위해 씌운 비닐하우스와 멀칭에 쓰이는 비닐 폐기물은 과연 친환경적이라고 할 수 있을까? 나는 비닐하우스에 갇힌 땅이 생명력을 유지할 수 있을지도 궁금하다. 공장형 첨단 유리온실에서 재배되는 채소는 어떠할까? 첨단 유리온실은 사계절 내내 식물이 가장 잘 자랄 수 있는 최적의 온도와 습도를 유지하는 외부와 차단된 공간이다. 외부와 차단되어 있으니 농약은 사용하지 않고 양액을 공급하여 식물을 재배한다. 농약을 사용하지 않으니 친환경 채소를 사계절 생산할 수 있다.

하지만 사계절 일정한 온도와 습도 유지를 위해서는 적지 않은 광열비를 지출해야 한다. 재래식 밭작물에 비하여 에너지 소비가 막대하다는 이야기이다. 농약을 사용하지 않는 농산물이 안심하고 먹을 수 있는 먹거리이지만 오히려 친환경적이지 않을 수도 있는 것이다.

생산자로부터 시작된 먹거리의 긴 여정의 마지막 단계가 요리이다. 요즘 스타 셰프, 쿡방과 먹방이 큰 인기를 끌고 있다. 소비자들이 다양한 조리법에 관심을 갖는 일은 생산자에게도 중요하다. 요리에 흥미를 갖게 되면 소비자들은 좋은 식자재를 찾는다. 그만큼 성실한 생산자들의 생산물이 제대로 평가받을 기회가 많아질 것이다.

스타 셰프에 관심을 갖듯 소비자들이 '친환경'과 '동물복지'의 기본 취지를 더 많이 공감해 준다면 어떨까? 우리 농촌의 생태계가 한결 건강해지고, 가축들도 좀 더 행복해질 것이다. 나는 친환경 농산물과 동물복지 축산물이 소비자의 안전을 넘어 소비자와 생산자가 서로 신뢰하고 소통하는 계기가 되었으면 하는 희망을 품어본다.

# 지구온난화, 내 앞에 닥친 현실

"자네 농장은 어떡한댜? 괜찮어?"

"괜찮겠지요. 정 안 되면 저희도 관정을 하나 뚫어야지요."

모내기철이 되면 연례행사처럼 이장님과 나누는 대화이다. 마을의 벼농사 짓는 어르신에게 모내기철 논물 대는 일은 벼 수확과 더불어 연중 가장 중요한 일이다. 모내기철에는 물이 많이 필요하다. 비가 오지 않으면 마을 농민들은 마을을 관통해서 흐르는 지방하천의 물을 논으로 퍼 올린다. 그리고 관정에서 지하수를 퍼 올려 논물을 댄다. 가뭄이 심한 모내기철에는 강물과 지하수를 잘 배분하여 마을 전체 모내기를 잘 마무리하는 일이 매우 중요하다. 가뭄에는 마을 하천이 바닥을 드러내는 날이 많다. 그만큼 지하수에 대한 의존도가 커진다.

모내기철과 벼농사 비상시에는 우리 돼지농장도 물 확보를 위한 비상이 걸린다. 아무래도 농촌 마을은 벼농사가 최우선이다. 마을에 물이 부족하면 지하수를 논물 대는 데 먼저 할당한다. 물 부족만 걱정이 아니다. 우리 농장 분뇨 처리 담당자는 이맘때면 분뇨의 정화처리로 밤잠을 설친다. 만에 하나 실수가 있으면 가뜩이나 바짝 마른 하천에 오염수가 흘러들어 간다. 오염된 하천수를 논에 퍼 올리면 벼가 바짝 타들어 죽게 된다. 그나마 유량이 풍부할 때는 타격이 덜 하다. 하지만 가물어 하천의 물이 마를 지경에 이르면 농장의 작은 실수가 온 마을에 큰 피해를 입히게 되는 것이다.

모내기철이 지나도 걱정은 이어진다. 마른장마, 지구온난화 때문인지 장마철에 비는 오지 않고 폭염 기간이 길어졌다. 비가 오지 않는 한여름에 햇볕만 쨍쨍 내리쬐니, 논물 대는 일은 모내기철뿐만 아니라 가을수확까지 마을 어르신들의 걱정거리가 되고 있다. 우리 농장은 이중삼중고를 겪는다. 물 부족에 정화처리에 폭염으로 고생하는 돼지 돌보는 일까지. 어쩔 수 없이 부족한 살림에도 불구하고 큰돈을 들여 돼지 축사에 에어컨을 설치하고 지하수 관정을 팠다.

돼지 식수로 쓸 좋은 지하수는 이제 200미터 이상은 파 들어가야 한다. 가뭄에 지하수 개발이 빈발하다 보니 지하수 수위가 낮아져서일까? 이 정도는 되어야 좋은 지하수를 확보할 수 있다. 그나마 우리 마을은 하천을 끼고 있으니 상황이 나은 편이다. 하천이 없고 유량이 부족한 마을은 상황이 훨씬 더 심각하다.

지구온난화가 심해질수록 농촌 마을은 관정 파기를 계속한다. 농장도 관정을 파고 농민도 관정을 판다. 매년 계속해서 더 판다. 관정이 늘

수록 지하수량은 감소하고, 줄어든 지하수량을 충당하기 위해서 관정을 또 파는 악순환이 반복된다. 우리 농장은 서해와 멀지 않다. 가뭄이 심해지면 오래전에 파놓은 관정에서 짠물이 나오기도 한다. 그래서 또 다른 곳에 관정을 또 판다. 결국 길게 보면 관정을 판다고 달라지는 건 없고 관정 파는 비용만 소요될 뿐이다.

한마디로 지하수 개발은 비용만 축내는 '네가티브섬 게임(negative-sum game)'인 셈이다. 이 '네가티브섬 게임'은 누군가 더 이상 물을 구할 수 없어 생업을 포기할 때까지 계속될 것이다. 가뭄과 폭염을 축산 농가나 농민들이 스스로 어찌할 수 없기 때문이다.

## 도시에선 기상이변도 때로는 투자 기회

여의도 금융가에 근무하던 시절, 기상이변은 나와는 무관한 일이었다. 도대체 한여름 폭염과 가뭄이 나와 무슨 상관이란 말인가? 출퇴근 시간의 교통 정체와 사무실 밖으로 나왔을 때 느끼는 신체적 불편함 정도이다. 밖은 더워도 많은 전기를 소모하는 첨단 냉난방 시설은 쾌적한 근무환경을 보장한다. 단지 그 전기를 공급하는 화력발전소들과 출근길 도로에 늘어선 자동차들이 배출하는 미세먼지와 대기 오염이 신경에 거슬릴 뿐이다.

반면에 여름철 폭염과 가뭄 같은 이상기후들은 금융가에 좋은 투자 기회를 제공한다. 폭염이 오면 아이스크림과 음료를 만드는 식품회사의 주가가 오른다. 에어컨이 더 많이 팔리니 가전제품 회사 주가도 오른다. 이상기후로 곡물가격이 오르면 농업투자 펀드를 만들면 된다.

장바구니 물가가 오르면 물가 안정을 위해 긴급 수입되는 농산물이 가격을 진정시킨다. 더 이상 인플레는 없다. 폭염은 금융가에서는 돈 벌 기회이다. 불확실성은 투자의 기회이기 때문이다.

   나는 수도권 신도시의 주상복합아파트에 살았다. 밀폐된 공간은 외부공기 유입이 차단되고 방음도 잘 되어 소음도 들어오지 않는다. 외벽이 모두 유리로 둘러싸여 있어서 전망이 좋지만, 대신 여름에는 직사광선이 아파트를 데우고 겨울에는 아파트의 온기가 쉽게 외부로 유출된다. 하지만 많은 에너지를 소모하는 첨단 환기 시스템이 사계절 내내 일정한 온도와 습도를 유지해 준다. 단지에는 주민들을 위한 수영장 등 주민 편의 시설이 있어 생활이 편리하다. 춥고 더운 날 굳이 아파트 단지를 벗어날 필요가 없다.

   주말이면 인근 백화점이나 편의점에서 장을 본다. 많은 자동차들이 몰려들어 차가 막히고 주차장이 붐벼 불편하기는 하다. 하지만 장을 보러 가면 계절에 관계없이 다양하게 구비된 먹거리를 만날 수 있다. 전 세계에서 들어오는 다양한 먹거리들이 즐비하니 풍성한 식탁을 마련할 수 있다. 이상기후로 국산 농산물 파동이 나면 수입 농산물이 그 자리를 채우고 있기에, 손만 뻗으면 원하는 먹거리를 언제든지 취할 수가 있었다. 귤이 없으면 오렌지를 먹으면 되고 한우가 금값이면 호주산 쇠고기를 먹으면 된다. 주차장에서 주차장으로! 도시의 경제활동과 일상생활은 폭염이나 이상한파와 상관이 없다.

   나는 자연과 무관한 첨단 도시 시스템 속에 사는 사람이었다. 나는 세계화된 대한민국, 첨단 인프라가 뒷받침된 수도권 대도시에서 살았다. 가끔 태풍으로 농민들의 피해가 발생한다는 뉴스를 보면 안타깝다는 생각을 한다. FTA 등 농축산물 시장 개방조치로 농민의 삶이 더 피폐해질 것이다. 하지만 무역시장 개방은 지금 누리고 있는 대한민국의 경제적 번영을 위해서는 불가피하다. 정부는 피해 받는 농민들을 위한 적정한 보상책을 내놓을 것이다. 이것이 내가 도시의 삶 속에서 바라본 농촌에 대한 생각이었다.

## 두 개의 공간, 두 개의 삶

귀농하여 바라보는 도시는 경이롭고 아득하다. 폭염이 오든 태풍이 몰아치든, 도시는 자연재해로부터 보호받은 풍요롭고 안정된 인간의 삶을 보장하는 선택된 공간이다. 농촌은 가뭄으로 단수가 되어 발을 동동 구르지만 대도시에 물이 부족하다는 얘기를 나는 들어본 적이 없다. 가끔 서울의 강남대로가 폭우로 침수되면 온 방송이 난리법석이지만 생계를 위협받는 농촌의 절박한 상황이 방송에서 보도되는 일은 거의 없다. 공영방송의 농촌 관련 TV 프로그램은 목가적이고 낭만적인 농촌의 삶을 소개할 뿐이다.

대한민국에는 두 개의 다른 공간, 두 개의 다른 삶이 있다. 농촌은 자연을 접한 최전선에 있고 도시는 농촌을 사이에 두고 자연과 멀찍이 떨어져 있다. 서로 다른 삶과 공간은 장바구니 물가와 TV로 연결되어 있다. 그러나 농촌에서 TV로 보는 도시의 삶과 공간이 실제 도시 서민의 일상이 아니듯, 도시에서 TV로 보는 농촌의 삶과 공간도 현실이 아니다. 농촌과 도시 그 경계에 서 있는 나는 혼란스럽다.

제철, 석유화학, 인터넷 데이터 센터, 이를 뒷받침하는 거대한 화력 발전소, 거리를 가득 메우는 자동차들과 24시간 대형 항공기들이 드나드는 인천공항, 우리나라가 세계에 자랑하는 핵심 산업이며 국가 인프라이다. 이들은 우리 경제 성장의 원동력이자 우리나라를 일인당 온실가스 배출 세계 3위국으로 만든 일등공신이기도 하다. 사실 우리 경제 성장은 온실가스 배출과 저렴한 에너지 가격에 기반을 두었다 해도 과언이 아니다.

온실가스 배출은 동전의 양면과 같다. 한 측면에서는 양적인 경제 성장을 촉진하여 돈을 벌게 해주지만 다른 측면에서는 미세먼지와 같은 환경오염과 폭염, 가뭄 같은 이상기후를 유발한다. 우리나라 경제는 에너지 다소비형 제조업과 시장 개방을 통하여 성장했다. 경제가 성장하면서 금융업, ICT, 서비스업 등 첨단 산업도 더불어 성장했고 시장 개방은 다양한 농산물로 식탁을 풍요롭게 한다. 하지만 도시에 풍요를 가져온 온실가스 배출은 이상기후로 되돌아와 농촌에 심각한 타격을 입히고 있다.

과거에는 농촌을 고향으로 둔 사람들이 도시 인구의 다수를 차지했다. 굳이 TV를 보지 않더라도 농촌의 현실을 잘 알고 있었고 어려워지는 농촌 사정에 공감하던 시절이었다. 하지만 그분들은 나이가 들었고 도시는 농촌을 모르는 젊은이들을 중심으로 돌아간다. 도시와 농촌을 이어주던 인적 연대는 사라졌다. 도시의 첨단화와 시장 개방, 전 세계의 소식과 도시의 삶을 전해주는 미디어는 도시와 농촌 간의 연결 고리를 약화시킨다.

수익자부담의 원칙이 있다. 혜택을 입는 수익자가 그 혜택에 소요되는 비용을 부담한다는 말이다. 우리 경제는 온실가스 배출로 경제적 수익을 얻고 이상기후로 대가를 치르는 구조이다. 이는 시스템과 구조의 문제이지만, 실제로 이 시스템 속에서 살아가는 우리는 이를 직시하기 힘들다. 가뜩이나 어려운 경제 사정에 에너지 가격은 여전히 높아 보인다. 농민은 이상기후를 하늘의 탓으로 돌리고 한숨지을 뿐이다.

앞으로도 온실가스 배출이 획기적으로 줄 전망은 없다고 한다. 즉 이상기후로 인한 피해가 갈수록 더 커진다는 얘기이다. 이제는 이 문제를 놓고 도시와 농촌이 소통해야 할 때이다. 가뜩이나 시장 개방으로 어려운 상황에서 농촌은 지구온난화의 피해를 온몸으로 받아내기가 버겁다. 그리고 지구온난화를 해결하는 방식이 마치 농촌에서 지하수가 마를 때까지 관정을 더 파듯, 지구온난화를 가속화시키는 방식이 아니었으면 좋겠다.

# 농민은 어떤 사람인가?

우리 농장에는 밭이 있다. 농사를 짓지 않고 비워 놓은 밭이다. 언젠가 이곳에 돼지농장 분뇨와 마을 농업 부산물을 활용한 '바이오가스 플랜트'를 만들 계획이다. 5천 제곱미터나 되는 땅을 그냥 놀리기가 아까워 우리 마을 농민들에게 이 땅을 내어드렸다. 돼지농장은 평소에 분뇨 냄새가 나는 터라, 나는 늘 마을 주민들에게 미안한 마음을 가지고 있다. 그래서 우리 마을 주민들은 별도의 대가를 지불하지 않고 우리 농장의 밭에서 농사를 짓는다. 배추 같은 밭작물을 재배하기도 하고 우리 밀 같이 마을에서 심지 않는 새로운 작물을 시험 삼아 짓기도 한다. 그러던 어느 날, 우리 농장에 한 장의 통지서가 날아들었다.

내용인즉, '농장이 직접 농사를 짓든지 아니면 1년 이내에 땅을 팔라'는 행정처분이었다. 통지서를 보는 순간, 나는 상식적으로 이해가 가지 않았다. 토지세 등 세금도 꼬박꼬박 내고, 무상 임대이니 특별히 소득을 숨긴 것도 아니고, 나름 좋은 취지로 토지를 활용하고 있는데 왜 이런 행정처분이 우리 농장에 날아왔을까?

나는 곧장 차를 몰고 결성면 면사무소를 찾아갔다. 면사무소는 나에게 맞춤형 서비스를 제공해 준다. 서울에 살 때는 등본 떼고 인감증명 발급 받는 민원 업무가 있을 때만 동사무소를 찾았지만, 홍성에 내려와서는 면사무소를 내 집 드나들 듯 자주 찾는다. 시골 면사무소는 축산 정책 변경 같은 농장에 필요한 농정 관련 정보를 주고, 마을 발전 계획에 대한 협의, 상위 행정 기관인 군청과의 협의를 주선해 준다. 그리고 귀농에 대한 다양한 정보도 얻을 수 있는 곳이다.

늘 친절하게 응대해 주는 담당 공무원에게 내가 받은 행정처분 통지서를 내밀었다. 공무원은 나의 억울한 표정과 통지서를 번갈아 쳐다보고 난 뒤 이렇게 말했다.

"이 대표님, 잘 모르셨군요. 농촌에는 '농지법'이라는 게 있습니다. 농지는 농지법 적용을 받지요. 이 행정처분은 농지법을 위반하여 내려진 통지입니다."

"아니… 제가 법을 위반했다고요?"

"네, 이 대표님 취지는 알겠으나, 농장이 농지를 보유하고 있으면 반드시 농사를 지어야 합니다. 직접 농사를 짓지 않았으니 아마도 행정 감사 과정에서 적발되어 행정처분이 내려온 듯합니다."

황당하고 어이가 없었다. 나는 곧장 농장 사무실로 돌아와서 인터넷을 뒤지기 시작했다.

## 농지법에 담긴 농민의 책무

나는 법에 대해서는 문외한에 가깝다. 하지만 농지법을 인터넷에서 다운로드 받아 차분히 읽어보니 행정처분으로 나를 당황하게 만든 농지법의 취지를 이해할 수 있었다. 농지법 3조를 보니 농지에 관한 기본 이념이 정의되어 있다.

---

제3조

① 농지는 국민에게 식량을 공급하고 국토 환경을 보전하는 데에 필요한 기반이며 농업과 국민경제의 조화로운 발전에 영향을 미치는 한정된 귀중한 자원이므로 소중히 보전되어야 하고 공공복리에 적합하게 관리되어야 하며, 농지에 관한 권리의 행사에는 필요한 제한과 의무가 따른다.

② 농지는 농업 생산성을 높이는 방향으로 소유·이용되어야 하며, 투기의 대상이 되어서는 아니 된다.

---

이 조항을 읽으며 나는 농지를 소유하면 국민의 식량 공급과 환경 보전의 의무를 지게 된다는 것을 알게 되었다. 그러면 우리 농장처럼 토지세를 꼬박꼬박 내며 땅을 놀리면 어떻게 될까? 농지법 제10조와 제11조에 나와 있었다.

제10조 (농업경영에 이용하지 아니하는 농지 등의 처분)
① 농지 소유자는 다음 각 호의 어느 하나에 해당하게 되면 그 사유가 발생한 날부터 1년 이내에 해당 농지를 처분해야 한다.
1. 소유 농지를 자연재해 · 농지개량 · 질병 등 대통령령으로 정하는 정당한 사유 없이 자기의 농업 경영에 이용하지 아니하거나 이용하지 아니하게 되었다고 시장 · 군수 또는 구청장이 인정한 경우.

제11조 (처분명령과 매수 청구)
① 시장 · 군수 또는 구청장은 제10조에 따른 처분 의무 기간에 처분 대상 농지를 처분하지 아니한 농지 소유자에게 6개월 이내에 그 농지를 처분할 것을 명할 수 있다.

말인 즉, 농사를 안 지으면 소유한 농지를 정부가 강제 매각할 수도 있는 것이다. '아하! 그렇구나.' 나는 대충 우리 농장에 접수된 행정명령의 배경을 알 수 있었다.

나는 농지법을 살펴본 후 내 나름대로 해석 정리해 보았다.
- 국가 식량 안보와 국토의 환경보전이라는 공익 차원에서 농지는 매우 중요하다. 그러니 농지에서는 반드시 농사를 지어야 한다.
- 농지의 공익성을 감안하여, 농사를 짓지 않는 사람은 원칙적으로 농지를 소유해서는 안 된다.

우리 경우를 생각하면 억울하기는 했지만 적어도 나는 법의 취지에는 공감할 수 있었다. 기왕 인터넷을 뒤진 김에 나는 우리 농장을 당황하게 한 농지법과 농업의 근간이 되는 헌법 조항들을 찾아보았다. 헌법 조항을 통하여 농지법의 근간과 이를 뒷받침하는 국가적 합의가 무엇인지 알 수 있었다.

- 농지는 농사짓는 농민만이 소유함이 원칙이다.
- 원칙적으로 농민은 농지에서 반드시 농사만을 지어야 한다.

헌법 제23조
③ 공공필요에 의한 재산권의 수용·사용 또는 제한 및 그에 대한 보상은 법률로써 하되, 정당한 보상을 지급하여야 한다.

헌법 제120조
② 국토와 자원은 국가의 보호를 받으며, 국가는 그 균형있는 개발과 이용을 위하여 필요한 계획을 수립한다.

헌법 제121조 (경자유전)
① 국가는 농지에 관하여 경자유전의 원칙이 달성될 수 있도록 노력해야 하며, 농지의 소작제도는 금지된다.
② 농업생산성의 제고와 농지의 합리적인 이용을 위하거나 불가피한 사정으로 발생하는 농지의 임대차와 위탁경영은 법률이 정하는 바에 의하여 인정된다.

> 헌법 제122조
> 국가는 국민 모두의 생산 및 생활의 기반이 되는 국토의 효율적이고 균형있는 이용·개발과 보전을 위하여 법률이 정하는 바에 의하여 그에 관한 필요한 제한과 의무를 과할 수 있다.
>
> 헌법 제123조
> ④ 국가는 농수산물의 수급균형과 유통구조의 개선에 노력하여 가격안정을 도모함으로써 농·어민의 이익을 보호한다.

 우리나라 헌법이 농민들에게 책임만 지운 것은 아니었다. 농지와 관련한 농민들의 재산권과 경제활동이 제약 받는 대신 국가는 이에 상응하는 보상을 하고 농업 활동에서 적정 이익을 보호할 책임이 있는 것이다. 나는 쌀값 폭락 등 농산물 가격 하락에 대한 경제적 보상, 직불금 제도와 같은 정부 지원의 근거를 알 수 있었다.

### 달라진 현실, 그대로인 제도

문득 몇 십 년 전 과거를 생각해 본다. 외화가 부족하고 가난했던 시절, 한참 경제개발의 드라이브를 걸던 70년대 말이다. 나는 부모님께 보릿고개 이야기를 들으며 자랐다. 정부는 주말 밀가루 먹기 등 대대적인 쌀 소비 감축 정책을 펼쳤다. 학교에서는 30% 이상 잡곡이 섞인 도시락을 의무화했고, 토요일에는 밀가루 음식 먹기 운동을 벌였다. 그만큼 쌀이 귀했다. 농사가 흉년이 들면 물가 불안으로 온 사회가 뒤숭숭해졌

농가 수 및 농가인구 변화 추이

| | 전국인구<br>(천명) | 농가가구<br>(천가구) | 농가인구(천명) | | 비중(%)<br>(농가인구/<br>전국인구) | 농가가구당<br>가구원수<br>(명) |
|---|---|---|---|---|---|---|
| | | | 남자 | 여자 | | |
| 1970 | 32,241 | 2,483 | 14,422 | 7,164 | 7,258 | 44.7 | 5.8 |
| 1980 | 38,124 | 2,155 | 10,827 | 5,415 | 5,412 | 28.4 | 5.0 |
| 1990 | 42,869 | 1,767 | 6,661 | 3,279 | 3,383 | 15.5 | 3.8 |
| 2000 | 47,008 | 1,383 | 4,031 | 1,971 | 2,060 | 8.6 | 2.9 |
| 2009 | 48,747 | 1,195 | 3,117 | 1,510 | 1,607 | 6.4 | 2.6 |

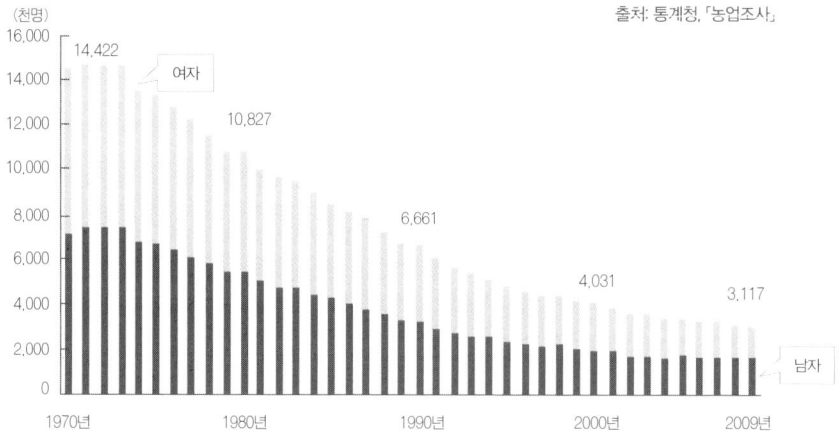

출처: 통계청, 「농업조사」

다. 농가 인구가 전국인구의 45%를 차지하던 시절이었으니 문자 그대로 '농자천하지대본'이던 시절이었다.

어쩌면 우리나라 농지법 그리고 헌법에 언급된 농업과 농지에 관한 조항들은, 어려운 시절 우리 사회의 버팀목 역할을 해온 농촌·농민과 대한민국 간의 약속과 합의를 반영한 것이 아닐까?

세월이 흘러 이제는 아무도 '농자천하지대본'과 같은 얘기를 하지 않는다. 위의 자료에서 보듯 이제 농민은 우리 인구의 6% 수준에 그칠 뿐이다. 사람들은 더 이상 먹는 걱정을 하지 않는다. 도시의 마트에는 전 세계의 다양한 먹거리가 넘쳐난다. 정부는 남아도는 쌀로 골치를 썩고 정부의 쌀 농가 지원 및 개방 정책에 대한 사회적 갈등도 커지고 있다. TV 뉴스 헤드라인을 장식하던 정겨운 고향 마을 소식도 이제는 발전소와 송변전탑 건설에 반대하는 농촌 할머니들의 저항 소식으로 바뀌었다.

세상이 달라졌다. 달라진 세상에서 우리 농촌과 농민은 어디로 가야 할까? 헌법과 농지법에 명기된 농촌의 식량 안보와 환경보존이라는 국민적 합의가 앞으로도 지속가능할까. 귀농 3년차인 나는 요즘 생각이 복잡하다.

# 농민이 있어야 국민이 있다

한 마지기의 땅이 있다. 6월이면 농부는 땀을 흘려 모내기를 하고, 여름 내내 초록빛 논은 바람결에 물결친다. 시골의 농촌을 생각할 때 도시인들은 늘 목가적인 풍경을 떠올리지만 벼가 노랗게 익어가는 가을, 벼 수확을 앞둔 농민은 한숨지으며 시름에 잠긴다. 이제 더 이상 농촌의 가을 들녘은 풍성하고 아름답지만은 않다. 농민에게 벼농사는 결코 수지맞는 장사가 아니기 때문이다.

## 농촌 땅 1마지기가 내어놓은 수지타산

### 벼 수확 포기(진주 집현)

논 한 마지기(200평)
트렉터 로터리 5만원
어린모 심는 비용 4~5만원
비료 1포대 2만원
약치기 2~3만원(횟수에 따라 다름)
벼 타작 5만원
벼 건조 3만원
토지세 18만원
**총 비용 41만원**

200평 9포대 수확하면
1포대 특등 53,000원
변동직불제 등 최고 금액으로 계산하더라도 6만원
**총 수입 54만원**

**수입 54만원, 지출 41만원 (순이익 13만원)**
6월 10일경 심어 10월 20일경 수확
이 13만원이 인건비가 될까요?
답답하시죠. 농민은 죽을 지경이랍니다.
이러하니 분노가 하늘을 찌르죠.

앞의 내용은 SNS에 올라온 어느 글이다. 나는 이 가슴 어린 하소연을 접하고 우리 농촌이 처한 현실이 더욱 안타깝게 느껴졌다.

요즘 산지 쌀값이 폭락해서 농민들의 시름이 깊다. 페이스북에 글을 올린 한 농부의 말에 따르면 논 한 마지기 벼농사를 지으면 매출 54만원, 지출해야 하는 경비가 41만원, 농민이 손에 쥐는 돈이 13만원이다. 5개월 땀 흘려 벼농사를 지어도 논 한 마지기에서 공사장 이틀 일당도 벌기 힘든 실정인 것이다. 물론 부지런한 농부들이 일 년에 논 한 마지기 농사만 짓는 것은 아니다. 우리나라 농지법을 보면 농지 소유 상한이 10,000제곱미터이니 15마지기 정도의 농사를 지을 수 있을 것이다. 즉 농부가 농지 소유 상한까지 벼농사를 짓더라도 1년에 손에 쥐는 수입은 고작 195만원이다. 도시 근로자 한 달 소득에도 못 미친다.

혹자는 '벼농사 포기하고 다른 일을 하면 되지 않느냐'라고 쉽게 얘기할지도 모르겠다. 하지만 문제는 그렇게 간단하지 않다. 대한민국 농지법에 따르면 농지를 소유한 농부는 농사를 포기해서는 안 된다. 농지에서 농사를 짓지 않으면 본인 의사와 무관하게 농지를 강제 매각해야 하는 상황에 맞닥뜨릴 수도 있다. 평생 농사짓던 농부가 땅을 잃고 터전을 떠나 다른 생업으로 전환하여 잘살 수 있을까? 입장을 바꿔 평생 컴퓨터 앞에서 일하던 사무직 종사자에게 갑자기 하던 일을 그만두고 내일부터 당장 농촌에 가서 벼농사를 지으라면 말이 되겠는가?

## 식량 자급률은 식량 안보의 문제로 연결된다

쌀을 재배하는 농민의 처지가 앞으로도 그리 나아질 것 같지는 않다. 무엇보다 소비자들의 식생활이 다양화되면서 쌀 소비량이 지속적으로 감소하고 있다. 반면 농업시장 개방 압력으로 우리나라가 수입해야 하는 쌀 수입량은 매년 늘어난다.

국민의 쌀 소비량은 감소하는데 수입쌀을 포함한 쌀 공급량이 증가하니 국내 쌀값은 하락할 수밖에 없다. 매년 소비되지 않은 쌀은 재고로 쌓인다. 오죽하면 충청북도 진천의 한 군의원은 '쌀값이 개사료 값만 못하다'고 통탄하기도 했다. 그렇다고 농민의 생계를 위하여 쌀시

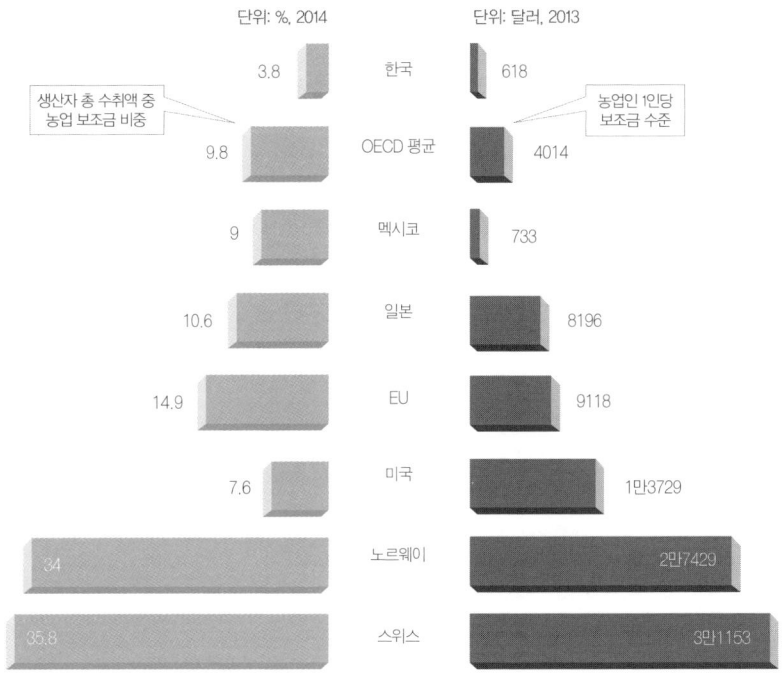

우리나라 농업 보조금 수준  출처: OECD · 통계청 · 농협

장 개방을 막기도 힘들다. 세계경제는 시장 개방 흐름으로 가고 있다. 우리도 해외에 많은 제품을 수출하고 있으니 마냥 먹거리 시장 개방을 반대하는 빗장을 계속 잠가둘 수 없는 상황이다.

일부 언론을 보면 우리나라 정부가 농민에게 과다한 지원을 하고 있으니 이제는 선진국처럼 시장경제 원리를 도입하자는 주장이 있다. 과연 그럴까? 앞에 나온 그림은 2014년 OECD 국가들의 농업 지원 보조금 수준이다. 우리나라 정부의 농업 보조금은 OECD 국가 중 최하위권에 머물고 있다. 일본의 농민 일인이 지급받는 정부 보조금은 우리나라의 13배가 넘는다. 농업 강국인 미국 농민이 수취하는 수익에서 정부 보조금이 차지하는 비중은 우리나라의 두 배이다. 좁은 농경지, 불리한 농업 환경에 처한 우리 농민이 광활한 농경지, 월등한 정부 지원을 받는 미국 농민과의 경쟁을 감당할 수 있겠는가? 사실, 우리나라 어떤 산업도 이런 차별적인 정부 지원 하에서 살아남을 수 없을 것이다. 열악한 농업 경영 환경은 그대로 낮은 식량 자급률로 이어진다.

OECD 국가 중 우리나라의 식량 자급률은 일본에 이어 최하위권이다. 우리 농민들은 일본 농민의 1/13도 안 되는 정부 지원을 받아가며 힘겹게 식량 안보의 마지막 보루 역할을 하고 있는 것이다. 일본보다 우리의 식량 자급률이 그나마 조금 높다고 위안받고 싶은 이들이 있을지 모르겠다. 하지만 일본에는 세계 3대 곡물 메이저인 마루베니를 필두로 전 세계 곡물시장을 쥐락펴락하는 글로벌 곡물시장의 강자, 종합상사들이 포진해 있다.

세계적으로 곡물 가격은 안정권에 있고, 식량은 수입하면 되니 더

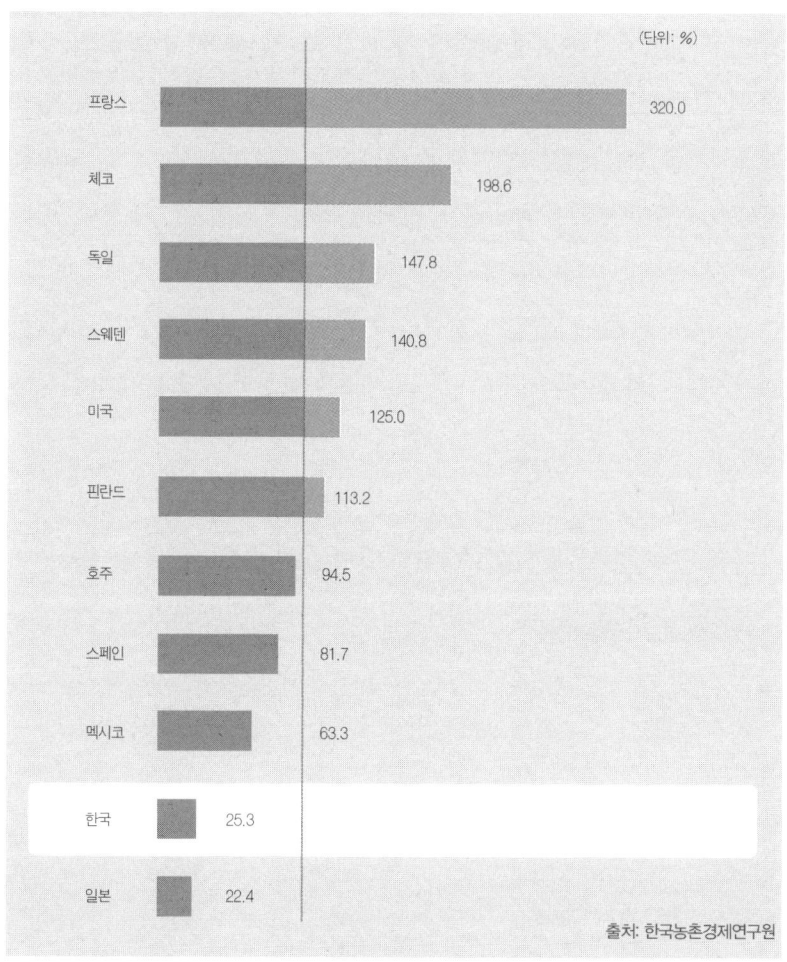

OECD 주요국 식량 자급률 비교

이상 식량 안보를 걱정할 필요가 없다는 주장도 있는 듯하다. 과연 식량은 돈만 있으면 수입할 수 있을까?

호주의 가뭄이 시발점이 된 2008년 세계적 식량 위기 당시, 주요 곡물 수출 국가들인 브라질, 베트남, 인도, 러시아 등은 곡물 수출을 금지시켰다. 아르헨티나, 우크라이나 등 일부 국가는 곡물 수출을 막기 위해 곡물 수출관세를 급격히 올렸다. 밀의 가격은 1년 만에 130% 상승했고 아시아 시장에서 쌀 가격은 폭등했다. 딸기나 멜론 같은 고소득 작물을 생산하고 밀을 수입하는 정책을 택했던 이집트는 주식인 밀 가격 폭등으로 빵을 제대로 공급하지 못하였다.

그 결과는 대규모 폭동과 정권의 붕괴였다. 정권 붕괴까지는 아니었지만 아프리카와 아시아의 여러 국가들은 한동안 사회불안과 폭동에 시달려야 했다. 불과 8년 전 이야기이다.

과연 2008년 이상기후가 촉발한 식량 위기가 다시는 재발하지 않는다고 믿어도 될까? UN 산하 기관인 IPCC(Intergovernmental Panel on

**국내 연도별 식량자급률 추이**

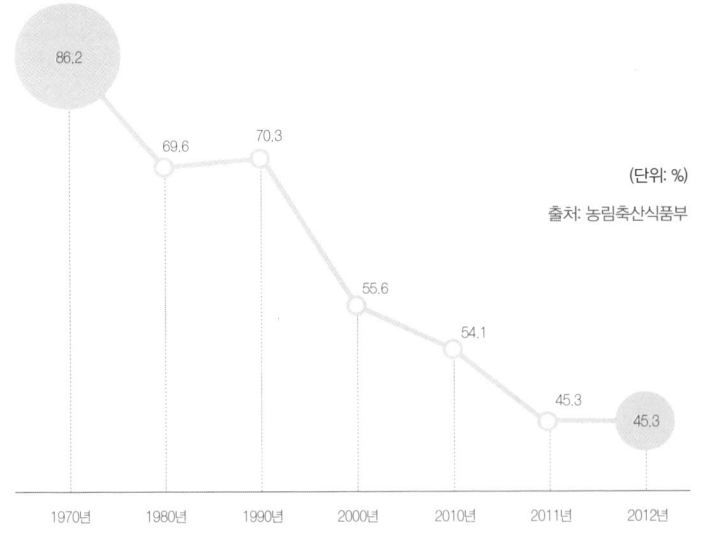

Climate Change)의 2014년 리포트에 따르면 지구온난화에 따른 기후 불안정성은 갈수록 커지고 식량 안보의 위협은 갈수록 증폭된다.

전 세계적으로 지구온난화와 식량 안보에 대한 경고음이 커지는 상황에서, 우리나라의 식량 자급률은 지속적으로 하락하여 OECD 국가 중 최하위권이다. 다른 나라보다 열악한 정부 지원 하에서 그나마 쌀농사가 버텨주었는데도 그러하다. 지금 사고가 나서 자동차 보험에 가입하는 것이 아니듯 지금 식량 위기가 발생해서 식량 안보를 생각하는 것은 아닐 것이다. 한번 버려진 농지는 하루아침에 복구되지도 않으며 유능한 농부는 하루아침에 육성되지도 않는다. 식량 안보가 어느 나라보다 취약한 상황에서, 적어도 정부의 농민지원 수준이 OECD국가 중 최하위권은 면해야 하지 않을까. 그리고 정부가 농민에게 돈을 퍼준다는 인식은 이제 불식되어야 하지 않을까 한다.

## 농업은 공익, 손실 보상이 필요하다

'민자사업'이라는 것이 있다. 나라에 필요하지만 정부가 재정상의 이유 등으로 수행할 수 없는 도로나 항만, 발전소, 학교, 군 숙박시설 등을 민간 회사들이 대신 맡아서 하는 사업이다. 정부가 해야 하는 공공사업을 민간이 대신하니 정부는 사업자에게 공공시설 공사에 소요되는 자금을 보조하기도 하고, 사업자의 수익을 보장하기 위하여 최소한의 적정수익을 보장하기도 한다. 때로는 민자사업의 손실을 보상하기 위하여 막대한 보조금을 투입하기도 한다. 논란이 된 맥쿼리 한국 인프라 투융자 회사의 인천공항철도 사업의 경우, 정부는 인천공항철도 건설에 1조 885억원을 보조했고, 매년 1500억원 상당의 자금을 국민의 혈세로 지원했다.

민자사업에 대한 정부보상은 다국적 금융자본의 경우만이 아니다. 국내 연기금 등 국내 금융자본도 민자사업에 참여하여 안정적인 수익을 보장받는다. 인천 문학산 터널 민자사업자는 9.7%의 실질 수익률을, 목포 신외항 민자사업자는 9.62%의 실질수익률을 보장받는다. 실질수익은 물가상승을 감안한 수익이니 물가상승률 만큼의 수익을 덤으로 더 받는다.

여기에서 공익에 대하여 생각한다. 농지법에서 천명한 식량 안보와 환경보존의 책임을 지고 있는 농민의 경제활동, 즉 농업은 공익적 성격을 띤다. 마찬가지로 국가 예산으로 수행해야 할 도로 항만 등의 건설 및 운영을 맡는 민자사업 역시 공익적 성격을 띠고 있다. 그래서 농민이든 민자사업자든 공익적 성격을 감안하여 정부의 보조를 받기는 마찬가지이다.

대한민국 헌법에서 천명한 경자유전의 원칙과 농지법에 의거, 농민은 수익이 있든 없든 반드시 농사를 지어야 한다. 농지를 팔려고 해도 반드시 농민에게 팔아야 한다. 그래야 누군가가 농사를 짓기 때문일 것이다. 민자사업자는 신중한 사업성 분석을 하고 사업 추진여부를 결정한다. 같은 공익적 책임을 지고 있지만, 수익과 관계없이 반드시 농사를 지어야 하는 농민의 경제적 자유가 더 많이 제약되는 것이다. 하지만 농민은 민자사업자처럼 적정 수익을 보장받지도 못하고 정부가 손실을 분담해 주지도 않는다.

지난 가을, 정부가 쌀 재배농가 전체에게 지급되어야 할 직불금이 1조 4천억원을 넘어섰다며, 이런 지원 정책은 파퓰리즘이라는 비판이 언론에 종종 등장했다. 물론 적은 돈은 아니다. 하지만 맥쿼리 한 회사가 운영한 민자사업 수익 보전을 위해, 대한민국 정부는 2008년부터 5년간 1조원을 훌쩍 넘기는 자금을 국민 혈세로 지급했다. 민자사업에 참여한 일부 전략적 투자자들은 매년 12~40%의 투자 수익을 꼬박꼬박 챙긴다.

나는 공공사업을 맡는 민자사업자와 식량 안보를 맡은 농민 사이의 형평성에 대해서 생각해 본다. 같은 공익적 경제활동을 하고 있지만 농민들은 생계를 위협받는다. 반면 민자사업자들은 적정 수익을 보장받거나 정부가 손실을 분담해 준다. 농민을 더 보호하지는 못해도 적어도 농민을 소수의 금융자본만큼은 대우해 줘야 하지 않을까?

이제 귀농한 한 사람으로서 나는 우리나라가 긴 안목에서 식량 안보와 농민의 가치를 생각해 주었으면 한다. 민자사업자의 이익을 보호하듯이 공익의 중요한 축을 담당하고 있는 우리 농민들을 형평성 있게 대우했으면 한다. 그리고 시장 개방으로 우리 농민을 냉엄한 시장 경쟁에 내몰더라도 적어도 다른 나라만큼의 정책적 지원을 해주면 좋겠다. 지구온난화에 따른 점증하는 식량 안보 위협, OECD 최하위권인 우리나라 식량 안보 수준을 생각해 보면, 우리 농민은 국민의 생계를 책임지는 마지막 보루이기 때문이다.

# 농촌 없이는
# 도시의 삶도 없다

나지막한 언덕에 위치한 우리 농장, 나는 하루 2번 아침저녁으로 언덕을 오르며 농장 축사를 둘러본다. 농장주가 되고 나서 습관처럼 이뤄지는 나의 일상이다. 아침 해가 뜨면 축사를 둘러보며 돼지들에게 인사한다. 사료공급은 제대로 되고 있는지, 밤새 아픈 녀석은 없는지 녀석들의 상태를 살핀다. 나는 농장 점검과 아침 산책을 하며 돼지농장의 하루를 시작한다.

저녁 해질 무렵, 서해와 가까운 이곳은 저녁노을이 무척 아름답다. 농장을 한 바퀴 둘러보고 난 뒤 나는 늘 나만의 아지트, 마을 들녘과 멀리 산이 보이는 감나무 아래에 서 있다. 아주 오래전부터 이 언덕에 뿌리내리고 터줏대감이 된 감나무는 타지에서 들어와 이곳에 정착한 나를 늘 편안하게 반겨준다. 어느덧 나뭇가지 사이로 붉은 노을이 내려앉는다. 붉디붉은 노을 때문일까? 파란 페인트가 칠해진 농장 창고는 더욱 깊은 푸른빛을 품어내고 나는 상념에 잠긴다.

바쁘게 생활하던 도시 금융인이었던 나의 모습이 쏜살같이 눈앞을 스쳐 지나간다. 그리고 노을이 절정에 이를 무렵이면 어느새 나는 홍성 시골마을의 돼지농장주의 모습으로 돌아와, 언덕 아래까지 넓게 펼쳐질 우리 농장의 푸른 미래 설계도를 눈앞에 그려 나간다.

그런데 문득 의문이 든다. '저 연기는 뭘까?' 저 멀리 산 너머 바다 쪽 높은 굴뚝에서 연기가 피어오른다. 저곳에 무엇이 있나 궁금하여 알아보니 홍성 인근에 위치한 보령의 '석탄화력발전소'이다. 귀농하여 이곳에 살면서 의아한 점은 수도권에 미세먼지 경고가 발령되면 왜 항상 충남 서해안에도 경고가 발령되느냐는 것이다.

수도권처럼 분진을 일으키는 큰 공사장이나 매연을 유발하는 자동차 교통 정체가 있는 것도 아닌데…. 이 한적한 지역에 왜 미세먼지 경고가 뜨는지 궁금했다. TV 기상 캐스터가 미세먼지 예보를 할 때 앵무새처럼 항상 말하는 '중국발 미세먼지'가 그 모든 원인일까? 나는 의문을 가지고 자료를 찾아보기 시작했다.

## 농촌은 아낌없이 주는 나무인가?

인터넷을 검색해 보니 보통 알고 있는 일반 상식과 다른, 새로운 정보를 발견할 수 있었다. 2013년 정부 자료에 따르면, 전체 미세먼지 중 우리나라에서 발생한 양이 전체 비중의 50~70%를 차지하고 있었다. 특히 석탄화력발전소는 1차 초 미세먼지 발생원의 3.4%를 차지한다. 초 미세먼지는 1차 배출되는 양보다 질산화물이나 이산화황 같은 대기오염물질이 화학반응을 일으켜 생성되는 2차 배출량이 더 많다고 한다. 질산화물의 10%와 이산화황의 16%를 우리나라 석탄화력발전소가 생성하고 있는 실정이다.

석탄화력발전소는 세계적으로 초 미세먼지의 주요 원인으로 손꼽힌다. 그린피스와 하버드 대학 교수 연구진의 연구에 따르면 석탄화력발전소의 유해물질 때문에 우리나라에서 매년 최대 1,600명이 조기 사망한다. 뿐만 아니라 우리나라 온실가스 배출량의 40%를 발전소가 차지한다. 그중 석탄화력발전이 온실가스 배출의 80%를 차지한다. 이런 부작용 때문에 미국, 중국 등 전 세계의 여러 국가들이 석탄화력발전소를 폐쇄하고 있지만 우리나라는 앞으로 석탄화력발전소를 두 배까지 증설한다고 한다.

석탄화력발전소에 대해서 장황하게 얘기를 꺼낸 이유가 있다. 현재 가동 중인 발전소의 절반가량이 내가 사는 홍성 인근의 당진, 태안, 보령, 서천 등에 밀집해 있기 때문이다. 지금도 이 지역에 발전소를 계속 짓고 있으니 석탄화력발전소의 밀집도는 앞으로 더 높아질 것이다. 그런데 충남 해변가에 밀집한 석탄화력발전소에서 생산한 전기는 다 어디로 가는 걸까 하는 의문이 들었다. '충남의 농민이 그 많은 전기를 다 소비할까?' 발전소 관련 자료에 따르면 서울 인근에 위치한 발전소들의 발전 용량을 다 합쳐도 충남에 위치한 석탄화력발전소 한 곳의 발전량에도 못 미치는 실정이다.

충남 해변가 석탄화력발전소에서 생산된 전기는 거대한 송변전망을 타고 수도권으로 흘러들어 간다. 바다에 배를 띄워 물고기를 잡고 굴을 따고, 붉은 노을 어우러진 들녘에서 농사지으며 소박하게 사는 이곳 농촌 사람들의 건강에 치명적인 환경오염 물질을 남기면서 말이다.

수도권에는 석탄화력발전소가 하나밖에 없다. 그나마 수도권에 남아 있는 석탄화력발전소도 수도권 주민들의 거센 항의와 민원에 밀려 청정에너지인 LNG발전으로 전환하였다. LNG발전은 고 비용이 드는 대신 환경오염 피해도 그만큼 적다. 문제는 미세먼지로 인한 환경오염 피해가 심각한 석탄화력발전소와 무서운 방사능 오염을 유발하는 원자력발전소를 오로지 농어촌 지역에만 짓는다는 사실이다.

또한 삶의 터전인 마을을 통째로 수몰시키는 댐 건설 역시 농어촌 지역사회의 이해관계와는 별 상관이 없다. 이들은 수도권이나 인근 대도시를 지탱하기 위한 기반 시설들이다. 충북, 경기 서부, 강원도에 위치한 농어촌 지역은 물을 생산하는 댐을 옆에 두고도 지난해 극심한 가뭄의 고통을 겪었다. 하지만 지난해 가뭄 때, 서울과 수도권 지역에 단수조치가 내려졌다는 소식을 나는 들은 적이 없다.

정부 공기업과 대기업들은 농촌지역에 석탄화력발전소나 원자력발전소를 짓는다. 농촌 주민들은 상대적으로 대도시보다 반대 민원이나 항의가 덜하다. 힘없는 고령층이 대부분이라 환경오염에 대한 정보력도 떨어지는 편이다. 그래서 기업들은 환경에 대한 비용을 크게 지불하지 않는 시골 마을에 발전소를 짓는 것이고 대도시에 있는 발전소와 비교해 비교적 싼 가격의 전기를 생산하면서 큰 이익을 낸다. 그렇게 생산한 전기를 거대한 생활 시스템을 갖춘 대도시와 제조업 등 기반 산업

시설에 공급한다.

우리나라 전기료는 다른 OECD국가들과 비교할 때 낮은 수준이다. 노르웨이처럼 자체 에너지원이 풍부한 나라를 제외하면 가장 저렴하다. 그러나 환경친화적인 신재생에너지 생산 비중은 최하위권 국가로 자리매김하고 있으며, 환경오염의 주범인 온실가스 국민 1인당 배출량은 OECD 국가 중 최상위권이다. 환경오염시설인 석탄화력발전소는 농촌 지역에 짓고 발전소에서 생산한 깨끗한 전기에너지는 거의 대부분 대도시로 흘러들어 간다. 미세먼지와 온실가스로 인한 기후 온난화 피해를 농촌 지역에 고스란히 남겨둔 채로 말이다.

농촌은 이중삼중의 피해를 겪고 있다. 농산물 수입개방의 문이 열렸고 농민은 싼 가격의 수입 농산물과 가격경쟁을 해야 한다. 도시 소비자의 물건 고르는 손은 냉정하다. 장을 볼 때, 우리 농산물 가격이 조금 더 비싸면 바로 옆에 있는 수입 농산물에 손이 간다. 반면에 농민으로서의 책임과 의무는 강력하다. 우리 헌법은 농민에게 식량 안보의 공적 책임과 의무를 부여하고 있다. 이러한 사실에도 불구하고 농민에 대한 우리 정부의 지원과 보조는 다른 OECD 국가와 비교할 때 최하위권 수준이다.

농촌은 도시라는 거대한 시스템 속에서 도시민이 편히 입고 먹고 마시며 따뜻한 보금자리를 만끽할 수 있도록 모든 것을 지원한다. 화력발전소에서 에너지를, 농토에서 식량을, 농촌을 흐르는 강과 댐에서 엄청난 양의 물을 도시로 올려 보낸다. 나는 농촌을 생각하면 '아낌없이 주는 나무'가 떠오른다. 도시를 지탱하기 위해 농촌이 존재한다 해도 과언이 아니다.

하지만 정부의 지원은 딴 나라에 비해 인색하고 도시민들이 농촌과 농민을 바라보는 시각은 곱지 않다. 온난화로 인한 피해나 수입 개방에 따른 어려움에 대해서는 동정적인 시각을 보이지만, 정작 정부가 보조금 지원을 하는 것에 대해서는 냉소적인 시각도 만만치 않다. 나는 아낌없이 주는 나무, 우리 농촌이 받는 지원이 적어도 OECD국가들이 지불하는 보조금의 평균수치나 우리나라 민자사업자가 수익을 보장 받는 수준 정도는 되어야 하지 않을까 생각한다.

### 농촌을 위한 일상의 작은 실천

농촌 없이 도시의 삶은 지탱할 수 없다. 나는 도시민들이 농촌을 향한 따뜻한 시선을 갖고 농작물 재배에 피해를 주는 지구온난화를 막기 위한 작은 실천을 해주기를 기원한다. 도시민이 제철 먹거리에 좀 더 애정을 가져준다면 그렇게 많은 비닐하우스가 농촌에 필요하지 않을 것이다. 그리고 제철에 공급한 농축산물을 제철 소비가 받쳐주니 농산물의 가격 급락도 덜할 것이다. 그만큼 농민의 주머니 사정도 나아지고 농촌의 환경오염도 개선된다.

친환경 먹거리는 안전하고 좋은 먹거리다. 친환경 먹거리가 어떻게 생산되는지 조금만 관심을 가져보면 어떨까? 농민과 농촌 환경이 그만큼 나아질 것이다. '탄소성적 표시제'라는 제도가 있다. 우리가 소비하는 제품이나 서비스의 '생산-유통-판매-폐기에서 발생하는 탄소발생량을 표시하는 제도'이다. 우리나라에서는 의무조항이 아니라 생산자들이 자발적으로 참여하는 제도이다. 같은 값이라면 탄소성적 표시를 고려하여 제품을 구매한다면, 그만큼 지구온난화는 완화된다. 수입 농산물은 포장-운송 과정에서 많은 탄소를 배출하므로 탄소배출을 염두에 두는 소비자가 늘어날수록 우리 먹거리 소비도 늘어난다.

가정용 태양광 패널을 달아보는 것은 어떨까? 서울·경기 등 수도권의 가정용 태양광 패널 설치가 활발하다고 한다. 무엇보다 전기료를 아껴주고 경제성이 있기 때문일 것이다. 그렇게 소비자가 직접 재생에너지를 생산하면 굳이 농어촌 환경오염의 주범인 석탄발전소나 원전을 짓지 않아도 된다. 나 역시 돼지 분뇨를 이용해 에너지를 생산하는 바이오가스 플랜트 기술 개발에 관심이 많다. 아침저녁으로 농장 언덕을 오르내리며 더욱 넓게 자리 잡고 나갈 친환경 돼지농장의 미래를 상상해 본다. 우리 농장이 있는 마을과도 에너지를 함께 나누고 생산하는 상생의 관계도 구상 중이다.

귀농 4년차인 나는 내 삶의 터전이 된 농촌에서 내 삶과 건강이 직결된 문제들을 곰곰이 생각한다. 도시에서 살다 온 나는 도시와 농촌에서 모두 살아본 경계인의 입장에서 두 공간의 관계를 생각한다. 다음은 도시와 농촌의 관계를 생각하며 내가 그려본 도표다.

농촌과 도시는 생산과 소비라는 측면에서 긴밀히 연결돼 있지만 또한 아낌없이 줌에도 불구하고 서로 남 대하듯 단절되어 있다. 나는 농촌과 도시의 일방적인 단절이 가슴 아프다. 나 자신이 농촌에 정착해 돼지농장을 일구어 나가고 있기에, 내게 보이는 농촌의 현실을 도시민들에게 알리고 싶다. 내가 대도시에 계속 살고 있다면 보이지 않았을

**도시와 농촌의 관계**

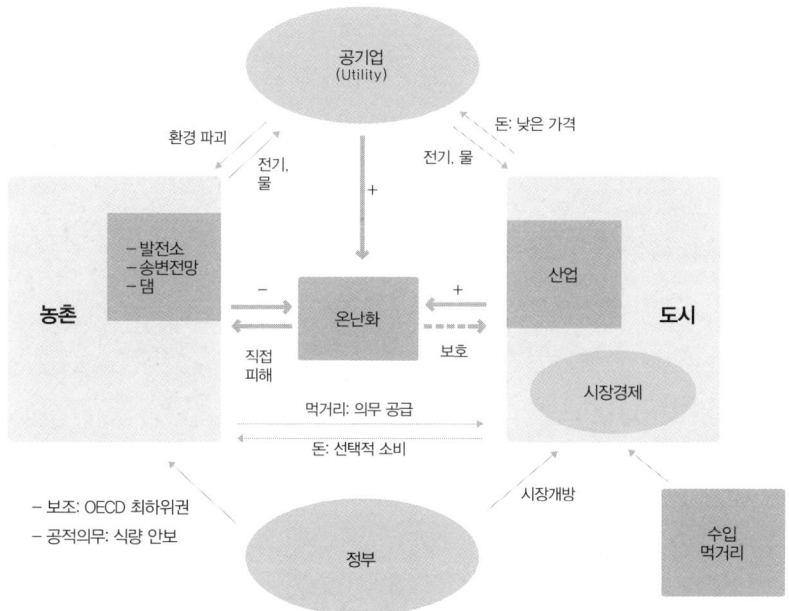

소중한 가치를 나누고 싶다. 도시와 농촌, 도시민과 농촌사람은 모두 하나로 연결돼 있고 서로 돌고 도는 순환계 속에 생명을 이어가고 있다는 사실이다. 도시와 농촌이 서로에게 보다 관심을 가지고 배려하는 그런 날을 그려본다.

나는 우리 농장이 마을과 함께 하는 생태 농축산의 한 축을 담당하며
소비자가 인정하는 좋은 돼지를 키우는 농장이 되기를 꿈꾼다.
꿈은 우리가 이룰 수 있는 상한이다.
우리의 미래를 한정하고 미리 꿈을 포기할 필요는 없다.

Part 4

# 지속가능한 상생의 길을 꿈꾸며

## 우리 마을을 소개합니다

　　　　　　　　　　　　　　서울 용산에서 출발해 익산까지, 서해안을 따라 내려가는 장항선을 타면 천안, 온양, 예산을 거쳐 홍성군에 들어선다. 홍성군은 서울에서 약 150킬로미터 떨어져 있고 기차를 타면 2시간 남짓 걸린다. 한반도 중서부 해안에 위치한 홍성군은 동쪽은 예산군, 서북쪽은 서산시, 남쪽은 청양군, 보령시와 접해 있다.

　홍성군에는 2개의 읍과 9개의 면, 340개의 리가 있고 홍성읍이 군소재지다. 홍성군(洪城郡)은 1914년 행정구역 개편에 따라 '홍주군(洪州郡)'와 '결성군(結城郡)'이 하나가 된 군이다. 이름에서 알 수 있듯이 홍주군의 '홍'과 결성군의 '성'을 따서 홍성군이 되었다. 홍성군 전체 지도를 놓고 보면, 서쪽 땅이 결성이고 동쪽 땅은 홍주다.

　어느덧 안내 방송이 흘러나온다.

"이번에 내리실 역은 광천, 광천역입니다."

광천역은 약 1시간 간격으로 상·하행선 기차가 각각 1대씩 지나가는 아담한 시골 역사다. 광천역에 내려 한두 걸음만 떼면 지금도 유명한 '활성암반 토굴 새우젓 시장'이 있다. 광천(廣川)이란 이름에서 알 수 있듯이 이 지역에 하천이 흘렀는데 강에 사금이 많았다고 한다. 사금을 캐어 알부자가 된 사람이 많아서 '알부자 많은 광천에 가서 돈 있는 체하지 말라'는 말이 유행했다고 전한다. 사금채취가 쇠하고 폐광이 되자 금광의 갱이었던 토굴에 새우젓을 보관하기 시작했다. 섭씨 15~17도를 일정하게 유지하는 토굴에서 숙성·저장한 광천 새우젓은 빛깔이 좋고 맛이 깊고 은은하다. 여느 지역 새우젓보다 광천 새우젓을 최고로 쳐주는 이유이다.

서해안에 인접한 광천역에 내려서 차로 10분 정도, 서북 방향으로 약 9킬로미터 더 들어가면 '홍성군 결성면'이 나온다.

## 홍성군 결성면 금곡리 원천마을

'홍성군 결성면 금곡리 원천마을', 내가 정착한 마을이다.

우리 마을은 광천읍, 은하면, 서부면과 함께 서해안의 천수만을 끼고 있는 옛 결성 땅에 속한다. 조선시대의 결성은 150여 척의 장배가 드나들 정도로 번성했던 곳이다. 중부내륙에서 생산한 농산물을 비롯하여 새조개, 주꾸미, 조기, 새우, 조개 등 서해안 지역 특산물이 모두 이곳에 모여들었다. 지금도 서부면 남당항에서는 봄마다 '남당항 새조개 축제'가 크게 열린다. 4~5월에 오면, 알이 차서 달고 싱싱한 새조개를 비롯해 다양한 수산물을 맛볼 수 있다.

고대부터 어업과 수로가 발달한 결성 땅은 일제강점기에 철도가 놓이고 도로가 발전하기 전까지는 충청 내륙과 수로교통을 연결하는 어업, 경제, 무역의 중심지였다. 그런데 내륙교통이 발달하고 홍주 땅이 번창하면서 결성 땅은 홍성군에 속하는 하나의 면이 되고 말았다.

하지만 결성에 사는 사람들의 자부심은 대단하다. 신라 말 도선국사가 창건한 고산사(高山寺)가 위치해 있고 고려시대에는 해양을 통제하는 수영(水營)의 역할을 담당하였다고 전한다. 조선시대에는 지방행정의 중심지로서 결성 읍성과 관아, 향교가 지금까지 남아 있다. 또한 일제강점기 독립운동의 성지다. 독립운동가 만해 한용운이 결성면 출신이고 백야 김좌진 장군은 이웃한 갈산면 출신이다. 결성면에는 만해의 생가 유적지가 있다.

차를 타고 마을 어귀로 들어서니 '원천마을'을 알리는 표지석이 보인다. 그 옆으로 마을을 관통하는 금리천이 흐른다. 개천가에는 마을 주민들이 합심하여 심은 노란 유채꽃이 양 갈래로 가득하다. 유채꽃에 취해 천천히 길을 가는데 마을 어르신이 나를 발견하고 손짓을 한다.

"어이, 이 대표. 서울 댕겨오슈?"

"네, 어르신. 물고기는 많이 잡힙니까?"

나는 차에서 내려 마을 어르신께 인사를 건넨다.

"그냥 재미로 허는 거지 뭐… 옛날만 못혀. 근디 구제역은 다 잘 지나갔는가?"

"네, 날이 따뜻해지니 한풀 꺾인 것 같습니다. 또 뵙겠습니다."

물이 좋은 날이면 마을 주민들은 금리천에서 붕어 낚시를 즐긴다. 붕어 외에도 가물치, 미꾸라지, 자라가 잡힌다.

'원천'이란 지명에서 알 수 있듯이 옛날에는 물이 아주 많은 곳이었다. 마을 앞에 머내가 있는데 '머내'는 우리 마을의 옛 지명이다. 옛날에는 서해의 밀물이 머내까지 들어와 마을 어귀에 배가 닿고 수산물 시장이 크게 열렸다고 전한다. 그러다가 물길이 점점 짧아졌고 급기야 서해안 방조제 공사를 하면서 지금은 '원천'이란 이름이 무색하게 물이 예전만 못하다.

유채꽃 길을 따라 마을에 들어서면 남북으로 길게 마을 들녘이 펼쳐진다. 논밭을 끼고 45호의 집이 군데군데 흩어 모여 촌락을 이루고 있으며 90여 명의 주민이 산다. 우리 농장은 마을 어귀 오른쪽 나지막한 언덕에 위치해 있고 북쪽 끝에는 소를 키우는 이웃 목장이 있다.

우리 마을에도 한우 농가와 양돈 농가가 두 곳이나 있듯이 홍성군은 마을마다 축산 농가가 많은 편이다. 축산 농가 수와 축산 인구는 감소하고 있지만 축산 규모는 점점 커져서 가축 사육 마릿수는 매년 증가하는 추세다. 홍성군 전체 자료를 살펴보면, 한우 사육두수는 약 6만 여 마리로 2010년 기준 전국 4번째다. 돼지 사육두수는 약 42만 여 마리로 전국에서 가장 많다. 홍성군을 전국 최대 규모의 '축산군'이라고 불러도 손색이 없다.

홍성군은 한우 브랜드 '홍성한우'를 생산하고 있지만 훨씬 적은 양을 생산하는 횡성군에 비해 브랜드 파워가 밀리는 편이다. 최대 규모를 자랑하는 돼지는 아직 브랜드가 따로 없다. 축산 규모는 크지만 다른 군에 비해서 축산단지로서의 명성을 제대로 떨치지 못하고 있다.

나는 우리 마을에서 전형적인 시골 농촌의 모습을 엿본다. 원천마을, 더 크게 홍성군은 먹거리를 생산하는 농촌지역이다. 농업과 어업이 산업의 근간을 이루던 옛 시절에는 서해를 끼고 있는 중부 해안 지방의 특성상 물자가 풍부하고 마을이 번창했던 고을이었다. 하지만 지금은 아무것도 특별할 것 없는 우리나라 시골 농촌의 전형이다. 더 이상 농업과 어업이 대접받는 시대가 아니다. 전국의 농촌마을은 너나없이 비슷한 고민거리를 안고 있다.

## 마을에서 본 농촌의 민낯

유채꽃이 지고 나면 여름이 찾아온다. 농번기인 여름, 시골마을은 해가 뜨는 새벽부터 해지는 저녁까지 분주하다. 들녘의 벼가 여물어 가는 동안 마을 밭에는 올 가을 김장철에 수확할 배추를 줄을 맞춰 심는다. 어느덧 가을이 다가와 농장 언덕의 감나무에 주홍색 감이 하나 둘 영글 무렵이면, 속까지 알이 통통하게 차오른 배추가 맛깔스런 연두빛을 자랑하며 한 밭 가득 줄줄이 행렬을 나선다. 곧 수확의 시간이다. 귀농 1년차, 내 눈에 들어온 농촌 마을 풍경은 하루가 다르게 커가는 농작물을 직접 눈으로 확인하는 경이로운 시간이었다.

그런데 겨울이 다 되도록 배추를 뽑지 않고 그대로 두었다. 의문이 들었다. 나는 마을 발전 추진 위원장님께 여쭈어 보았다.

"왜 다 자란 배추를 뽑지 않고 저대로 두는 겁니까, 위원장님? 겨울이 되면 다 얼어버릴 텐데…."

"수확해봤자 돈이 더 드니까 그런 거지. 우린들 안 뽑고 싶겠어?"

위원장님이 낙담한 표정으로 대답했다.

"배추가 수익이 안 나면 다른 것을 심으면 되지 않습니까? 왜 굳이 배추를 심는 것인지요?"

"답답한 소리허는구만. 하우스 농사를 안 하면 가을에 밭에 심을 것이 딱히 뭐가 있나? 무, 배추 밖에 없으니 심는 거지."

나는 안타까운 마음이 들었다.

"배추가 아까우면 이 대표가 직접 필요한 만큼 뽑아가슈."

배추 수확은 혼자 할 수 없다. 가장 잘 자란 적기에 한꺼번에 수확을 해야 하기 때문에 일손이 많이 필요하다. 배추 값보다 품삯이 많이 들면 농민은 수확을 포기할 수밖에 없다.

농작물 관련 자료를 보면 거의 3년에 한 번씩 배추파동이 난다. 어느해에는 가격이 천정부지로 올라 금값 배추가 되거나, 어느 해는 가격이 뚝 떨어져 온 밭의 배추를 그냥 썩혀버린다. 가격이 어떻게 되든지 농민들은 딱히 다른 대안이 없으니 매년 배추를 심는다. 전국적으로 얼마나 많은 양의 배추가 올해 심어졌는지 농민은 알 길이 없다. 정부가 매년 배추 수급 양을 파악하고 조절에 나서야 하지만 제대로 파악하지 못하는 실정이다. 정부는 배추가 금값으로 치솟았을 때만 중국산 배추를 수입하여 도시 소비자를 위한 배추 가격 안정을 취할 뿐, 배추 값 폭락 시에는 별다른 대책이 없다. 또한 식생활이 서구화되면서 김치 먹는 양도 예전보다 못하여 배추 수요도 줄었다. 이러한 현실을 마을 농민들은 그저 숙명처럼 받아들이는 눈치다.

"이 대표, 우리 마을에 설악산 같이 멋진 산이 있길 혀? 멋진 풍경이 있길 혀? 마을이 발전하려면 뭐라도 도와주는 것이 있어야 하는데 참 쉽지가 않혀. 옛날만 해도 우리 마을이 농업, 어업으로 잘 살았는데 요즘은 뭐 하나 내세울 것 없는 마을이 되었어. 요즘은 옛날에 지지리도 어렵게 살던 산골 오지 마을 같은 데가 경치도 좋고 물도 좋다고 힐링 마을이니 뭐니 하면서 대접받는 시대가 되었구먼. 우리 마을을 발전시킬 무슨 방법이 없을까?"

늘 마을 발전을 걱정하는 이장님 역시 답답한 심정을 토로한다.

농촌에서 생산하는 것은 농축산물 밖에 없다. 그런데 그 가격은 10년 전이나 20년 전에 비해 크게 변동이 없다. 농촌 현실이 어렵다 보니 20년 전에 비해 인구도 40~50%가 감소한 실정이다. 시골 면소재지에서는 아기 분유를 쉽게 살 수 없다. 젊은 사람이 남아 있지 않으니 아기를 볼 수 없고 가게에는 분유를 가져다 놓지 않는다.

마을 이장님은 논농사 4천 평, 밭농사 2천 평을 사모님과 두 명이 짓는다. 아무리 고되고 힘들어도 품삯을 주고 사람을 쓰면 수지 타산이 안 맞는다고 말씀하신다.

"20년 전, 품삯이 5천원인 시절에도 남의 손을 쓰면 수지타산이 안 맞았지. 지금은 하루에 5~6만원은 줘야 하는디 그럼 다 적자여. 그러니 농번기에는 우리 부부 둘이서 얼굴 새까맣게 타도록 새벽부터 온종일 농사를 짓는 것이여."

"그리고 시골에 살려면 적어도 자기 땅이 3~4천 평 정도는 있어야 혀. 그 이하인 사람은 농사지어서 밥도 못 먹어. 그 정도는 해야 겨우

생활을 유지할 수 있는 겨."

우리 마을은 가구가 45호가 있지만 실질적으로 거주하는 가구는 34호 정도이다. 마을에 주민등록을 올려놓고 있지만 장기간 외지를 오가는 경우가 10여 호나 된다. 농민들은 농사일과 더불어 타지에 막노동을 나가거나 약간의 다른 기술이 있는 경우, 겸업을 하면서 살아간다.

### 농촌 현장에 다가가지 못하는 정책 사업

수입시장을 개방하는 FTA는 농민의 생존권과 직결돼 있다. 당연히 농민들은 FTA를 적극 추진하는 정당에 표를 줘서는 안 된다. 하지만 선거 때가 되면 농촌은 보수정당에 몰표를 준다. 정부는 FTA에 대비하여 농민에 대한 지원금을 늘리기도 하지만, 그만큼 농업 부문의 다른 예산을 줄여서 지원금을 확보하는 것이므로 눈을 속이는 '조삼모사'일 뿐이다. 그런데 왜 농민들은 자신에게 이익이 되지 않는 선택을 하는 걸까? 상황을 잘 몰라서일까? 나는 처음에는 그렇게 생각했다. 그런데 귀농을 하고서 이 의문을 푸는 데는 몇 년 걸리지 않았다.

"FTA허면 농촌만 죽어나는 겨. 그려도 어쪄? 나라가 먹고 살려면…. 우리가 살날이 얼마나 남았다고."

마을 이장님 말씀에는 농민들의 현실인식이 그대로 묻어나 있다. FTA가 농촌에 타격을 주지만 나라 경제 전체를 놓고 보면 FTA를 현실로 받아들일 수밖에 없음을 농민들도 잘 알고 있다. 다른 한편으로는 젊은이들이 떠난 우울한 농촌 현실이 보인다. 대다수 농민들이 노령화되어 앞으로 농업을 얼마나 이어갈 수 있을지 모르는 상황이다. 이런 상황이기에 굳이 정부에 저항할 의지를 포기한 것이다.

또한 도시와 달리 농촌은 공동체적 정서가 강한 곳이다. 진보나 보수 같은 이념적 기준보다 서로의 친분이 더 소중한 곳이다. 정권이 바뀌면 수도권이야 정부 고위직이나 공기업, 금융권 인사를 놓고 출렁이지만 농촌은 단기간에 달라질 것이 별로 없다. 어려울 때나 마을 행사 있을 때 얼굴 한번 비추며 정담을 나누는 사람에게 표심이 움직인다. 정책이나 이념은 부차적이다. 하지만 마을 이장님은 정부의 농업 정책에 대해서는 일침을 놓는다.

"마을 조성 사업은 다 엉터리구먼. '희망 마을, 창조적 마을 가꾸기' 뭐 이런 것들은 이름만 번지르르하지 마을에 도움이 되는 게 하나도 없어, 이 대표."

"사업비가 5억 나오면 그중 30%가 마을 가꾸기 전문가들에게 주는 컨설팅비여. 그라고 10%는 마을 자체 부담을 혀야 하고 부가가치세 10% 떼고 나면 2억 5천만 원이 남는 겨. 그걸로 마을에 정자 세우고, 화단 만들고 길 가꾸고 해서 외지 사람들이 놀러올 수 있게 마을을 꾸미라는 그 말인디, 농사일로 바쁜 우리가 매번 화단의 풀을 뽑고 앉아 있어야 혀? 그리고 마을에 누가 찾아오기는 하남? 이런 사업은 컨설팅하는 사람 배만 부르게 하는 겨. 다 소용없구먼. 마을 소득과 바로 연계되는 사업을 해야 혀."

나는 이장님의 의견에 동의한다. 수리시설을 정비하여 마을에 충분한 물이 들어오면 2모작 농사가 가능하다. 집집마다 지붕에 태양광 패널을 설치하면 월 전기료 6만원 정도를 절감할 수 있다. 마을에 친환경

시설인 바이오가스 플랜트를 도입하면 비닐하우스 연료문제를 해결하고 양질의 비료도 나눠 쓸 수 있다. 농민들은 시골의 삶에 실질적으로 필요한 도움을 원한다. 서울의 고위공무원이 탁상공론으로 만들어낸 희망 마을이니 창조적 마을에는 관심이 없다.

마을을 산책하다가 동네 아주머니를 만났다. 아주머니는 반갑게 인사를 하더니 내게 말을 건넨다.

"이 대표, 요즘 파리가 너무 많아유. 날씨가 더워지니까 그런가, 신경 좀 써 주시유."

"네, 알겠습니다. 파리약도 치고 방충에 신경 쓰겠습니다."

나는 시원스럽게 대답했다.

우리 농장에서는 마을 주민이 파리가 많다고 하면 파리약을 사다 드리거나 창문에 방충망을 달아 드린다. 돼지 분뇨 악취 피해를 주고 있기 때문에 늘 마을에 죄송스런 마음이다. 하지만 마을 주민들은 큰 불만을 토로하지 않는다.

나는 우리 마을을 관찰하고 마음으로 농촌을 이해하는 데 거의 2년이 걸렸다. 형편이 더 좋아질 것 같지 않은 농촌의 현실 속에 내가 내린 결론은 '마을 자체가 잘 먹고 잘 살기 위한 방법'을 마련하자는 것이다. 화려하진 않지만 여전히 인간적인 정이 흐르는 농촌에서 나는 더불어 살아갈 꿈을 꾼다.

# 생태 친환경 농축산,
# 새로운 가능성을 보다

바이오가스 플랜트 설명을 위한 마을 총회가 열렸다.

"이어서 사료회사 카길에서 오신 '바이오가스 전문가' 박 부장 님의 바이오가스 플랜트에 대한 소개가 있겠습니다."

마을 이장님 말씀을 이어받아, 카길의 박 부장이 본사에서 직접 챙겨온 빔 프로젝터를 마을 회관 흰 벽면에 쏘아가며 '바이오가스 플랜트(Biogas Plant)'에 대한 자세한 설명을 이어갔다. 한창 내용을 설명하고 있는 도중에 마을 어르신 한 분이 우려 섞인 질문을 던졌다.

"아니 이거 똥 공장 아닌감? 몇 년 전 다른 디서 이런 거 했다가 낭패를 봤다던디?

"네, 어르신. 똥 공장은 똥 공장인데 냄새도 덜 나게 막고 똥을 가스

에너지로 만들어 쓸 수 있도록 하는 좋은 취지의 공장입니다. 지금도 마을에 있는 축산 농가가 어떤 식으로든 돼지 분뇨를 처리하고 있지 않습니까? 옛날에 인분을 거름으로 쓰고 활용했던 것처럼, 돼지농장에서 나오는 똥도 잘 활용해보자는 취지입니다. 마을에 바이오가스 시설을 지으면 여러 방면으로 마을에 수익이 생길 수 있습니다."

가만히 듣고 계시던 어르신이 한 말씀 하신다.

"다들 무신 사업을 하면 좋다고 야그허지. 허지만 막상 뚜껑을 열어보면 다 헛구호여."

"……"

## 바이오가스 플랜트, 일명 똥 공장 사업에 주목한 이유

바람이 분다. 초록의 논밭이 펼쳐진 전원 마을에는 어떤 바람이 불까? 돼지 분뇨 냄새를 풍기는 이른바 '똥 바람'이 분다면 누구나 그 마을에 발을 디딜 때 얼굴을 찡그릴 것이다. 축산업을 하면서 아무리 노력을 해도 해결하기 힘든 숙제가 분뇨 냄새이다.

우리 농장은 마을 입구에서 볼 때, 동쪽 끝 언덕에 자리 잡고 있다. 우리나라는 편서풍 지대에 속해 있어서 대체로 서풍이 분다. 서쪽에서 바닷바람이 불어와 동쪽으로 훑고 지나가기 때문에 다행히 분뇨 냄새가 마을 쪽으로 잘 가지는 않는다. 하지만 저녁 무렵 저기압의 영향을 받아 북동풍이 불면 이야기가 다르다. 공기 아래층에 가라앉았던 분뇨 냄새가 바람을 타고 마을로 날아든다.

양돈업 현장조사를 위해 처음 돼지농장을 방문했을 때, 내 발걸음을 멈칫하게 만들었던 것이 바로 분뇨 냄새였다. 악취의 정도를 알기 때문에, 불편한 내색을 크게 하지 않는 마을 주민들에게 늘 고맙고 한편으로는 죄송한 마음이다.

분뇨 문제는 농장 경영의 최대 난제 중 하나이다. 고민을 거듭하던 중, 문득 금융기관에 근무할 때 투자를 검토했던 바이오가스 프로젝트가 떠올랐다. 가축의 분뇨나 음식물 같은 유기성 폐기물은 발효 과정을 거치며 여러 가지 가스를 발생시킨다. 그중 암모니아 가스는 악취를 유발하고 지구온난화의 주범이 된다. 하지만 메탄가스는 우리가 일상에서 사용하는 연료로 전환할 수도 있다.

'오호라, 바이오가스가 있었군! 돼지 분뇨는 발효과정에서 악취와 암모니아가 나오지만 연료로 활용할 수 있는 메탄가스도 함께 발생하니까…. 그래! 바이오가스 플랜트를 우리 마을에 유치하면 분뇨가 오히려 효자 노릇을 하겠구나!' 나는 무릎을 탁 쳤다.

'바이오가스 플랜트'란 분뇨 같은 유기성 폐기물의 발효과정을 정밀하게 관리하여 암모니아와 같은 유해 가스 대신, 연료형 가스인 메탄가스 발생을 극대화시키는 시설이다. 발효과정에서 나온 메탄가스를 잘 정제하면, 가스오븐렌지 등 가스 기기의 연료로 쓰거나 소규모 화력발전을 돌려서 전기를 생산할 수 있다.

나는 바이오가스 플랜트 관련 자료를 찾기 시작했다. 국내에서 여러 번 시도된 프로젝트였지만 명시적으로 성공한 사례는 잘 보이지 않았다. 무엇보다 이에 대한 체계적인 연구 자료가 전무한 실정이었다. 나는 구글과 아마존을 검색하며 해외 자료를 찾기 시작했다. 이렇게 검색하고 읽기를 수개월, 바이오가스 플랜트에 대한 기술적 개념을 어느 정도 이해할 수 있었다.

농장 분뇨를 메탄 발효 포집기에 모은다. 포집기에서 생산한 메탄가스는 발전기로 보내 화력발전을 한다. 포집기에서 메탄 발효가 끝나고 남은 잔여 분뇨는 악취를 제거한 뒤 친환경 비료로 사용한다. 분뇨를 모으는 장치는 밀폐된 저장조이므로 악취가 외부로 유출되지 않아 분뇨 냄새를 줄이는 효과가 있다. 또한 화력발전에서 발생한 폐열은 별도로 재활용한다. 포집한 가스를 이용하여 발전을 하고 폐열을 재활용하면, 그만큼 에너지를 재활용하고 온실가스 배출을 줄이는 효과가 있으니 '탄소배출권 판매' 같은 수익도 얻을 수 있다.

내가 바이오가스 플랜트에 관심 갖는 중요한 이유는 '온실가스 감축' 때문이다. 농축산업은 지구온난화의 피해자이다. 반면 우리 농장은 여름철에 에어컨을 가동하는 등 많은 전기를 사용하므로 결과적으로 온실가스 배출에 일조하는 가해자이기도 하다. 우리 농장이 바이오가스 플랜트를 도입하면 온실가스 감축에 일조한다는 자부심도 가질 수 있을 듯했다.

나는 바이오가스 플랜트의 도입 타당성을 좀 더 자세히 검토하기로 했다. 일이 잘 풀리려고 그랬던 걸까? 목말라 물을 찾으니 바로 내 앞에 바이오가스 플랜트 전문가가 나타났다. 국내에서 성공사례를 인정받은 바이오가스 플랜트 설계 전문가가 마침 우리 농장에 사료를 공급하는 카길사에 근무하고 있었다. 나는 즉시 카길 본사에 연락을 취했고 마침내 전문가를 우리 마을에 모셔와 관련 설명회를 가질 수 있었다.

카길사는 기업의 사회적 책임 차원에서 축산 분뇨의 에너지화에 관심이 많았다. 농장이 바이오가스 플랜트를 추진한다면 적극 지원할 뜻을 내비쳤다.

### 백문이 불여일견, 보고 결정하자

"다시 총회를 계속 이어가겠습니다."

나는 우려 섞인 어르신의 의견을 듣고 나서, 주민의 이해를 돕기 위해 그간의 사연을 풀어놓았다.

"마을 주민 여러분, 제가 돼지농장을 하면서 늘 주민 여러분께 죄송스러웠습니다. 그래서 마을과 협력하면서 이익을 나눌 수 있는 사업이 뭔가를 고민했습니다. 그런 고민은 마을 지도자 분과 먼저 의논하는 것이 순리일 것 같아서 이장님께 먼저 의논을 드렸고, 이장님이 '마을 발전 추진 위원회'를 개최할 것을 제안하셨습니다. 추진위 여러분들과 몇 차례 논의를 거친 뒤, 오늘 여러분을 모시고 바이오가스 플랜트에 대한 설명과 함께 의견을 여쭙는 것입니다. 이 일을 추진하든 안 하든 주민 여러분들과 함께 고민하며 의견을 나누고 싶었습니다."

이어서 카킬 박 부장이 말을 꺼냈다.

"그렇다면 현재 바이오가스 플랜트를 가동 중인 양돈 농장에 직접 가보시면 어떨까요?"

박 부장은 주민의 우려를 십분 이해하는 듯, 실제 플랜트 현장에 가보자고 제안했다. 다들 고개를 끄덕였다.

"네, 좋은 의견 감사합니다. 오늘 마을 총회는 이만 마치도록 하고,

'마을 발전 추진 위원회'에서 바이오가스 플랜트 현장 답사에 대하여 추후 협의하여 알려 드리도록 하겠습니다."

이장님의 정리 말씀으로 마을 총회가 마무리되었다.

'마을 발전 추진 위원회'는 마을 발전에 영향을 줄 수 있는 중요한 사안들을 논의하는 마을의 자치 협의체이다. 우리 마을 지도자 분들은 분뇨 문제뿐만 아니라 지구온난화나 저탄소 녹색 성장에 대해서도 관심이 많다. 농민으로서 피부로 느끼는 현실적인 문제이기 때문이다. 총회 전후로, 마을 발전 추진 위원회에서는 여러 차례에 걸쳐 회의를 했다. 회의 자리에 카길의 박 부장이 계속 참여했고, 우리는 수차례에 걸친 토론과 질의과정을 통하여 바이오가스 플랜트에 대해 함께 공부할 수 있었다.

마을 총회의 결론에 따라, 이장님 이하 마을 발전 추진위원 등 관심 있는 모든 주민들이 함께 바이오가스 플랜트 현장 답사를 가기로 했다. 현장은 멀리 경상남도 양산에 있다. 답사에 소요되는 비용은 마을 주민들이 매년 적립해온 마을 발전 기금, 그리고 마을 지도자 분들과 우리 농장의 찬조금으로 충당하기로 했다.

드디어 현장 답사일이 돌아왔다.

"이 대표, 도시락이랑 간식거리는 여기 준비했으니께 얼릉 갖다 실어유."

마음씨 좋은 부녀 회장님이 마을 부녀회에서 손수 점심을 준비해 주셨다.

"부녀 회장님, 이렇게 음식을 준비해 주시고…… 정말 감사합니다."

2014년 가을 이른 새벽, 마을의 나이 드신 어르신, 마을 발전 추진위원, 부녀회 회원, 바이오가스 플랜트에 관심 있는 주민 모두가 마을 주민회관 앞에 주차된 관광버스에 올랐다. 버스에 오른 우리들은 충남 홍성에서 경남 양산까지 네 시간 가까이 소요되는 아주 먼 길을 달려 바이오가스 플랜트를 운영하는 양산의 돼지농장을 방문했다.

같은 농장주로서의 고충을 이해한 듯, 영농 후계자인 젊은 농장주는 우리를 반갑게 맞아주었다. 우리 마을 주민들은 발전기, 분뇨 수거 시설, 부산물을 비료로 전환하는 시설 등 바이오가스 플랜트시설을 두루두루 살펴보았다. 어떤 어르신은 발전 시설과 전기 판매 수익에 관심을 보였고, 부녀 회장님은 실제로 돼지 분뇨 냄새가 많이 줄었는지를 유심히 살폈다. 이장님은 여기서 생산되는 비료를 직접 만져도 보고 냄새도 맡아보면서 관심을 보였다. 현장 답사는 대성공! 모두들 만족하는 분위기였다.

"사람들은 확인도 않고 이런 걸 똥 공장이라고 악소문이나 퍼뜨리고 그려. 이런 데 공무원들부터 와봐야 하는 거 아녀?"

마을 어르신이 한 말씀하셨다.

"맞아유, 어르신. 많이 댕겨보고 그래야 어떤 좋은 게 있는지 알 수 있지유. 여기까지 왔는데 그냥 발걸음을 돌리기는 뭣하고. 해운대가 멀지 않으니 바람 쐬고 구경도 하고 가지유……."

이장님의 즉석 제안으로 버스는 부산 해운대와 광안리로 방향을 틀었다.

"제가 자란 곳이 부산입니다. 여기까지 오셨으니 제가 맛있는 식사를 대접하겠습니다!"

　답사도 잘 이뤄졌고 주민들 반응도 좋았다. 나는 덩달아 기분이 좋아서 광안리 해변가 횟집으로 마을 분들을 모셨다.

　다시 홍성으로 향하는 관광버스 안, 모두들 기분 좋은 표정이다. 새로운 사업의 가능성도 보고 함께 바다를 보며 식사를 하고 나니, 돌아가는 길이 절로 흥겨워졌다. 어느덧 서해에는 노을이 지고 어둑한 저녁이 되어서야 우리는 마을에 도착하였다.

## 머리를 맞대고 지혜를 모아

"친환경 에너지 마을이라는 정부 정책 사업이 있는데 신청해 보시지요."

　카길의 박 부장이 제안했다.

　"그게 뭐죠?"

　금융권의 때를 벗지 못한 나는 시장 논리에 따라 일을 진행하는 것은 익숙했지만 나라에서 하는 정책 사업에 대해서는 문외한이었다.

　"친환경 에너지 마을 사업은 정부에서 마을 단위로 친환경 에너지를 보급하여 환경을 개선하고 마을의 소득원을 개발하는 공공성이 강한 사업입니다. 단 이 사업은 개인의 영리 목적으로는 응모할 수 없고, 마을 주민들이 공동으로 참여하는 마을 공동 사업으로만 추진할 수 있습니다. 제가 볼 때 원천마을이야말로 이 사업의 취지에 부합할 듯합니다."

　카길 박 부장의 설명에 마을 발전 추진 위원들 모두 관심을 보였다.

　"그런데 바이오가스 플랜트를 만들려면 땅이 있어야 할 텐데⋯ 그건 어떻게 혀?"

마을 발전 추진 위원장님이 부지 문제를 말씀하셨다.

"마을 공동 사업이니 마을에서 부지는 제공해야지요. 정부 지원은 플랜트 공사비 등을 대상으로 하는 것이지 부지 매입 대금을 지급하지는 않습니다."

박 부장이 답변했다.

"부지는 저희 농장에서 내놓겠습니다."

내가 제안했다. 주민들을 위해서 이 사업을 제안한 우리 농장이 내놓는 것이 맞다고 생각했기 때문이다.

부지 문제가 풀리자, 다들 우리 마을을 발전시킬 수 있다는 꿈에 부풀어 각자 희망하는 의견을 아이디어로 내놓았다.

"발전을 하고 나면 폐열이 나온다고 했는디, 유리 온실을 지어 폐열을 활용하면 워뗘? 온실 재배하면 기름값이 젤 많이 드는디, 폐열을 쓰면 원가도 절감되고 돈이 될 것 같은데…."

마을 발전 추진 위원장님이 제안했다.

"양산 가보니 비료가 좋더구면. 우리도 바이오가스 플랜트 만들어서 비료를 만들면 마을 논밭에 뿌리면 되겠네. 요즘 작물을 해도 제값 받기도 힘든데, 비료 값이라도 아끼면 좋지 뭐."

다른 한 분이 말을 이어받았다.

"그렇게 바이오가스 플랜트 짓고 유리 온실 지으면 학생들이 체험학습하기 딱 좋겠구면! 우리 목장이 체험 목장을 허니 연계하여 프로그램을 만들면 학생들도 더 많이 찾아올 테고……."

마을에서 체험목장을 운영하는 내 또래 목장주가 제안했다.

"자네 목장에 도시 사람들이 체험하러 오면 몇 시간 아니 있지? 바이오가스 하면 몇 시간 더 우리 마을에 머물 테니, 부녀회에서는 점심 식사를 팔면 되겠네…."

요리 솜씨 좋은 부녀 회장님이 한 말씀 거들었다.

"네, 말씀만 하십시오. 제가 여러분의 의견을 취합해서 정리하겠습니다."

마을의 막내로서 마을 발전 추진 위원회 서기를 맡고 있던 나도 덩달아 신이 나서 나섰다.

"그려! 자네가 우리 마을 오기 전에 금융권에 있었으니 그리허면 되겄네."

이장님이 말씀하신다.

과거 증권회사에 있을 때 매일 하던 일이 새로운 프로젝트의 기획과 경제성 분석이었으니 나 역시 고기가 물을 만난 듯했다. 금융기관에 있을 때 활용했던 분석 기법을 동원하여 객관적으로 경제성 분석을 해보니, 정부 공모 사업에 선정되어 제대로 사업을 추진하면 마을에 매년 수억원의 경제적 부가가치가 생긴다는 결론을 내릴 수 있었다. 정부의 사업 공모 마감은 2015년 1월이다. 나는 2014년 연말 무렵, 사업계획서를 완성할 수 있었다.

사업계획서를 작성하면서 나는 '생태농업'과 '공동체 사업'이 무엇인지를 깨달았다. 틈틈이 생태농업(Agroecology)에 관련한 원서를 찾아서 읽어보니, 생태농업의 핵심은 '자원 순환'과 '생물적 다양성,' 그리고 이를 지속할 수 있는 마을 공동체 차원의 수익성으로 요약할 수 있었다. 바이오가스를 매개로 한 분뇨의 에너지화와 비료 생산이야말로 자원 순환의 좋은 모형이었다. 그리고 반딧불, 황금개구리, 계절이 바뀌면 찾아오는 제비나 겨울 철새들은 우리 마을의 생물학적 다양성을 상징하는 듯했다. 여기에다 사업이 추진되어 우리 마을이 실현할 수 있는 경제적 부가가치가 수억원에 이른다면 경제적 지속가능성도 확보할 수 있다. 과거에 수없이 많은 프로젝트를 기안하였지만 이번만큼 신이 나고 재미있었던 적이 없다.

이장님은 사업계획서가 완성되자 다시 마을 총회를 개최하였다. 그리고 마을 총회에서 우리 마을 발전을 위한 바이오가스 플랜트 사업계획서가 '만장일치'로 통과되었다.

# 다양성과 차별화, 투 트랙 전략

"수입 농산물과 치열하게 경쟁해야 하는 현 상황에서는 무엇보다 '다양성'이 중요합니다. 그리고 생산자에서 최종 소비자에 이르는 전 과정에 대한 체계적 분석이 필요하지요."

"네, 말씀에 공감합니다. 교수님 시간 되실 때 자리를 한번 만들고 싶습니다."

나는 농업과 식품 분야를 깊이 있게 공부하고 싶어서 온·오프라인 관련 네트워크의 문을 두드리고 있었다. 농업 분야의 저명한 강사에게 '생산자 마케팅 전략' 강의를 들어보기도 했다. 그러나 마케팅 전담 조직이 있는 중견 기업에서나 적용 가능한 기법이나 사례들, 교과서적인 내용들로 채워진 강의는 내 갈증을 해소해 주지 못했다. 현장에 필요한 지식은 경영학 이론을 기반으로 하되 우리 농업현실을 반영한 실천

적이고 구체적인 것이어야 한다. 또한 농업에 관한 농경제학자의 접근은 FTA에 따른 산업구조 변화와 같은 거시적 분석에 기반을 둔 경우가 대부분이다. 이러한 접근법이 정부의 정책 수립에는 도움이 될지 모르겠지만 생산자가 당면한 현실적 문제 해결과는 거리가 있다.

그런 와중에 온라인 공간인 페이스북에서 서울대학교 '푸드 비즈니스 랩' 연구소를 이끄는 농경제학과 문정훈 교수를 만날 수 있었다. 온라인에서 대화를 나누며 알게 된 문정훈 교수는 생산-유통-푸드 전반에 걸친 문제에 경영학적으로 접근하는 농업경제 전문가다. 내가 생각한 '차별화' 시도를 먹거리 산업 전반에 펼쳐 적용해 보면 문정훈 교수가 말하는 '다양성'과 맥이 닿아 있다.

'농장은 다양한 품종과 사육 방식으로 돼지를 키운다. 식당이나 식품회사는 각기 다양한 메뉴와 제품을 개발하여 소비자가 인정하는 고부가가치의 제품과 서비스를 제공한다. 생산자, 유통-가공 그리고 소비자가 함께 원원(Win-Win) 할 수 있는 이상적인 구조를 만든다.'

이것은 평소 내 머릿속에 늘 맴도는 생각이다. 획일화된 품종과 메뉴가 아니라 다품종 소량 생산을 하는 차별화된 다양성을 만들어낼 수 있다면, 우리나라 먹거리 시장은 더욱 풍성하고 경쟁력이 있을 것이다. 나는 프랜차이즈 중심으로 소비가 이루어지는 획일화된 닭고기 산업의 문제 역시, 어쩌면 나 같은 생산자가 극복해야 하는 사례가 아닐까 하는 생각이 들었다.

"우리 농장도 버크셔 돼지의 방목 등 여러 가지 시도를 하고 있습니다. 하지만 생산 농가인 우리 농장으로서는 이런 시도가 시장에서 인정받는 차별화 방식인지 알기가 힘듭니다."

"국내에서는 아직 차별화된 고급 돼지고기 시장이 정립되지 않은 실정입니다. 해외 시장의 사례도 참조해 보면 좋을 듯합니다. 예를 들어 스페인에는 자기 고유 품종인 이베리코 방목 돼지를 키워 만든 고급 햄, 하몽이 있습니다. 종자와 사육 방식을 차별화하고 재료의 특성으로부터 차별화된 맛을 내는 생햄에 이르기까지 매우 인상적인 사업 방식입니다. 맹목적으로 이들을 모방하는 우를 범해서는 안 되겠지만, 향후 이 대표님의 사업을 위해서 꼭 연구해 보아야 할 좋은 사례입니다."

나는 농장 대표로서 내가 경험했던 시행착오와 고충을 이야기하였고 문 교수는 해외시장 현황을 설명해 주었다.

"같이 노력을 해보시지요. 저 역시 생산자의 현실에 관심이 많습니다. 필요하다면 저희 푸드 비즈 랩에서 대표님 농장 돼지고기 품질에 대한 평가나 시식회 등을 주선해 보겠습니다."

문정훈 교수가 선뜻 제안을 했다. 나 같은 생산자는 일일이 전문가를 찾아다니며 우리 돼지고기에 대한 의견을 구하기가 힘들다. 나로서는 천군만마를 얻은 듯 기뻤다.

### 방목 돼지 vs 일반 백돈 비교시식회

우리 농장에서 키운 첫 번째 방목 돼지는 서울대학교 푸드 비즈니스 랩 창립 기념행사의 시식 메뉴로 선정되었다. 강남의 한 식당에서 진행된 창립 기념행사에는 먹거리 업계의 많은 전문가들이 모였다. 장소를 제공한 식당의 셰프는 우리 농장이 제공한 버크셔 방목 돼지와 일반 백돈으로 동일한 레시피의 두 가지 요리를 준비했다. 랩에서는 전문가들의 비교시식 평가 결과를 체계적으로 정리하여 우리에게 전달해 주었다.

비교시식회를 마치고 문 교수는 새로운 제안을 했다.

"먹거리가 다양화 되려면 기존의 레시피와는 차별화된 '새로운 요리법'이 필요합니다. 새로운 레시피로 요리한 돼지고기 시식회를 열어 보면 어떨까요?"

"좋은 생각입니다. 특히 재료의 맛을 십분 살릴 수 있는 능력 있는 셰프가 이 일을 맡아주면 좋을 텐데요."

"네, 제가 볼 때 강남에서 스테이크 전문 레스토랑을 운영하는 김욱성 셰프가 적격일 듯합니다. 함께 김 셰프님에게 제안을 해보시지요."

김 셰프는 미국에서 요리 공부를 했고 현재 대학에 교수로 출강하는데, 스테이크 구이에 있어서 우리나라에서 둘째가라면 서러울 정도로 맛있게 고기를 구워낸다. 겉은 바삭하지만 고기 속은 육즙이 그대로 살아 있는 맛, 그의 스테이크는 누구보다 심혈을 기울인 흔적이 묻어난다.

나는 김 셰프와 대화를 나누었다. 그는 요리뿐만 아니라 식재료에 대한 관심이 지대했다. 특히 고기에 관해서는 쇠고기, 돼지고기 할 것 없이 전문적인 식견을 보였다.

나는 돼지품종, 돼지고기 분할 방식 등 생산에서 유통, 가공 전반에 관하여 문 교수, 김 셰프와 함께 깊은 대화를 나눴다. 요리하는 사람의 이야기를 들으니 우리 농장이 앞으로 어떻게 협업을 해야 할지 감이 잡혔다. 김 셰프는 '새로운 레시피로 시식회를 갖자'는 문정훈 교수와 나의 제안에 흔쾌히 응했다.

"육질이 훌륭합니다. 오래전 제가 다뤄본 일본 명품 돼지고기 이후로 처음 접하는 최상의 고기입니다."

김 셰프의 평에 나는 흐뭇했다.

"고맙습니다, 셰프님. 고기 분할 방식은 어떠셨는지요?"

"제가 대표님께 미국 방식의 고기 분할을 요청했는데 제가 바라는 방식대로 정확히 잘라져 왔습니다. 만족스러웠습니다."

"정말 다행입니다. 돼지고기 분할을 미국식으로 하는 곳이 거의 없습니다. 이번 분할은 제가 아는 육가공 회사 사장님이 특별히 해주신 겁니다."

"아하, 고맙습니다 대표님. 이렇게 해주시니 요리할 맛이 납니다. 앞으로도 다양하고 차별화한 고기 컷이 나왔으면 좋겠습니다."

김 셰프는 우리 농장에서 제공한 버크셔 돼지를 자기만의 독창적인 방식으로 요리하고 싶어했다. 요리는 재료가 반이다. 돼지를 어떻게 분할, 손질하느냐에 따라 요리의 방향이 달라진다. 국내에서 선호하는 삼겹살이나 목살의 양을 최대한 늘리는 방식으로 고기를 분할하면 새로운 식감을 선사하는 독창적인 요리를 시도하기 어렵다. 그래서 김 셰프는 미국 방식의 고기 분할을 주문하였다.

보통 육가공 회사가 따로 한 마리만 다른 방식의 분할을 해주는 경우가 없다. 나는 평소 알고 지내던 젊은 나이에 자수성가한 육가공 회사 사장에게 어려운 부탁을 했다. 새로운 실험에 대한 취지와 설명을 들은 젊은 사장은 관심을 보이며 흔쾌히 내 부탁을 수락했다.

지난번 부산과 분당 시식회의 시행착오가 발판이 된 걸까? 이번 시식회는 성공적이었다. 먹거리에 관한 학계, 언론계 전문가와 미식가 30여 명이 참석하였다. 돼지고기 요리 메뉴도 다양했다. 돼지꼬리 쪽에 가까운 등심을 구워낸 로인 로스트(Loin Roast), 꼬리 쪽 등심은 최고의 육질을 자랑한다. 일명 등갈비로 불리는 립 바비큐(Rib Barbecue), 지방 함량이 적고 씹히는 맛이 좋은 사태 부위로 요리한 2가지 사태요리, 평양식 삼겹살 지짐, T자 모양의 갈비뼈가 그대로 붙어 있는 '립 아이 포크 스테이크(Rib eye Pork Steak)'는 돼지 안심과 등심을 동시에 맛볼 수 있는 요리다.

보통 쇠고기 티본 립 아이 부위는 많이 판매하지만 한국에서 돼지고기 티본 립 아이 방식의 커팅은 찾아보기 힘들다. 김 셰프는 서양식과 한국식 요리를 포함해 모두 6가지 요리를 선보였고, 시식에 참여한 참석자들도 세세한 평가를 해주었다.

'고기의 육질이 우수하며 씹히는 맛이 있다. 고기 색이 쇠고기처럼 붉고 선명하다. 잡내가 전혀 없다. 국내에서는 사용하지 않는 고기 커팅 방식 덕분인지 돼지고기가 이렇게 색다른 식감을 내는지 처음 알았다. 삼겹살 일색의 요리가 보편화되어 있는 우리나라 돼지고기 시장에 새로운 형태의 고급 돼지고기 요리 시장이 열리면 기꺼이 사 먹겠다.'

참석자들의 정성스런 피드백을 받아들고 보니 그간의 노고가 한순간에 씻겨나가듯 기뻤다.

"이 대표님, 어떻게 이런 색감의 돼지를 키워내셨어요? 그 비법이 궁금합니다."

김 셰프가 물어왔다.

"글쎄요… 육질과 색감은 돼지 종자, 사육방식, 사료 등 복합적인 요인에 의해 결정되는데, 우리 농장의 연구 과제이지요."

김 셰프의 질문에 나는 솔직하게 답했다.

앞으로 계속 돼지를 키워가면서 데이터가 쌓이면 좋은 육질과 색감의 돼지 사양 관리법을 알게 될 것이다. 하지만 한 번의 방목 실험으로 그 어떤 판단을 내리기는 힘들다.

방목 버크셔 돼지와 새로운 레시피가 결합한 다소 실험적인 돼지고기 시식회는 생산자인 나, 요리하는 셰프, 농업 경제를 연구하는 학자, 이렇게 3명이 의기투합하여 이루어졌다. 산학연, 생산-유통-식당의 협업을 구체적으로 이뤄내는 의미 있는 첫 발자국을 딛는 순간이었다.

## 생산자 관점을 넘어 6차 산업 관점에서 보라

"와인이나 외식 산업도 살펴볼 필요가 있습니다. 와인과 돼지가 무슨 상관이 있느냐 말씀하시겠지만 와인 산업, 즉 생산자인 포도농장과 유통·가공업인 와이너리 사이의 협업 체계도 연구해볼 만하지요. 뿐만 아니라 유럽의 다양한 레스토랑을 살펴보시면 미래 우리 농업의 포지션에 대해 넓은 식견을 얻을 수 있을 것입니다. 이 대표님은 생산자이지만 생산자에서 식당, 그리고 소비자까지 이어지는 '6차 산업의 관점'에서 넓고 깊게 보시는 것이 좋을 듯합니다."

문 교수가 먹거리 전반에 대한 거시적인 관점을 제시했다.

맞는 얘기이다. 와인도 사실 농업 가공품이다. 우리 농장이 제대로 된 유통 전략을 수립하기 위해서는 식당을 포함한 전체 먹거리 산업에 대한 이해를 갖고 있어야 한다. 그 업종이 달라도 우리 농장의 유통 전략 수립에 도움이 된다면 시야를 폭넓게 가질 필요가 있다. 우리가 돼지를 키운다고 배움의 범위를 굳이 국내 혹은 축산업 등으로 한정할 필요가 없다.

"이 대표님, 제가 먹거리 관련하여 여러분들과 국내외 관련 지역을 탐방하고 있습니다. 이번에는 스페인과 포르투갈 지역을 다시 한 번 찾아가볼 예정입니다. 이베리코 돼지를 키우는 스페인 돼지농장도 탐방 일정에 포함되어 있습니다. 가능하시면 대표님도 동행하시지요."

"그렇습니까? 좋습니다, 문 교수님. 이베리코 돼지농장을 비롯해서 스페인 와인 산업 현황도 기대되는군요."

돼지고기를 짊어지고 시작한 새로운 도전의 첫발자국이 더 깊고 넓어짐을 느끼는 순간이었다.

"어차피 첫발을 디뎠다면, 제대로 연구하고 제대로 추진해야 한다."

나는 스스로에게 다짐했다.

# 아직 갈 길이 멀다

나는 뿌듯한 마음으로 군청 계단을 올라갔다. 지난 마을 총회에서 모두가 박수를 치며 '만장일치'를 외치는 모습이 떠올랐다. 모두에게 이득이 되는 생태 마을의 가능성을 함께 보았기 때문이다. 나는 손에 든 서류를 얼른 접수시키고 싶었다.

"안녕하세요, 담당자님. 원천 마을에서 왔습니다."

나는 가져간 서류를 내밀었다.

군청 담당 공무원이 서류를 훑어본다. 나는 그가 질문을 하면 좀 더 자세히 보충설명을 할 참이었다.

"어떡하지요, 이 대표님. 아무래도 우리 군에서 친환경 에너지 마을 사업을 지원하기는 힘들 듯합니다. 이번에는 포기하시지요."

우리 마을 바이오가스 사업계획서를 훑어본 담당자의 반응이었다.

'이 무슨 소리인가! '친환경 에너지 마을 사업'에 걸맞게 만든 완벽한 바이오가스 사업계획서인데….'

나는 당황스러움을 감추지 못한 채 말을 이어갔다.

"거의 1년을 준비한 사업계획서입니다. 마을 분들과 합심하여 만들었고요…. 마을 총회에서도 만장일치로 통과되었습니다. 다시 한 번 검토해 주시면 어떨까요?"

"저 역시 사업 계획의 취지에 공감합니다. 하지만 아직 바이오가스 플랜트 사업이 성공한 사례가 드뭅니다. 기술적 타당성을 좀 더 지켜봐야 하지 않을까 생각합니다. 그리고 이 사업을 추진하려면 우리 군에서도 자금지원을 해야 합니다. 잘 아시겠지만 지자체 재정이 빠듯합니다. 더구나 예정에 없는 자금 지원은 무리가 따릅니다. 이해해 주십시오, 대표님."

마을 사업을 추진하는 데 있어서 복병은 다른 곳에 있었다. 정부의 정책 사업에 친환경 에너지 마을 사업이 올라가 있으나, 이름만 걸려 있을 뿐 정작 중요한 예산 확보는 지자체의 몫이 반이다. 정부의 정책 자금 지원을 받으려면 지방자치단체가 반드시 일정 비율의 자금을 출연해 내놓아야 한다. 일종의 매칭 펀드(matching fund) 방식이다. 그러니 재정 여력이 넉넉한 지자체가 유리할 수밖에 없다.

우리 홍성군은 군내에 축산 농가가 많은 지자체다. 재정 여건이 빠듯한 상황에서 한 마을 사업에 덥석 큰 금액을 지원할 수 없는 형편이다. 더구나 사전 예산 계획이 없는 상황이었기 때문에 군 담당 공무원의 입장에서는 우리 마을이 불쑥 내민 공모사업계획서를 반길 수 없었을 것이다.

## 저탄소 신재생에너지 마을의 꿈은 계속된다

나는 무거운 발걸음으로 군청을 빠져나왔다. '마을 어르신들에게는 뭐라고 하지? 모두가 합심하여 마을 발전을 바라며 노력했는데…….' 이장님 이하 여러분들이 실망할 것을 생각하니 암담하기만 했다.

나는 마을이 합심하여 사업계획서만 잘 만들어 제출하면 당연히 좋은 평가를 받을 것이고, 정부로부터 그 사업에 걸맞은 정책 지원금을 받을 수 있다고 철석같이 믿었다. '이런 바보 같은 경우가 있나!' 관이 주도하는 사업의 속성을 미처 제대로 파악하지 못한 나 자신이 원망스러웠다. 속상한 마음을 안은 채, 사업 진행을 도와준 카킬의 박 부장을 먼저 만났다.

"참으로 아쉽고 당황스럽습니다, 대표님. 바이오가스 플랜트를 똥공장이라고 오해하고 아예 설명도 듣지 않고 결사반대하는 마을이 대부분인데, 원천마을은 주민들의 전폭적인 참여와 동의를 받고 준비해서 저는 당연히 선정될 줄 알았습니다……."

박 부장은 한숨을 푹 쉬었다.

박 부장에게 그간 고마웠다는 짧은 인사를 전하고 마을로 돌아오는 길, 어깨를 축 늘어뜨리고 마을 어귀로 들어섰다. 이장님 댁으로 향하는 내 마음은 죄송스럽고 참담했다.

"이 대표 고생했슈. 괜찮어… 첫 술에 배부르간? 이번에 좋은 경험 했지 뭐. 다음에 또 기회가 있겠지… 관에서 하는 일이 어디 쉽게 착착 풀리는 거 봤슈? 힘내슈."

오히려 이장님과 마을 발전 추진 위원장님이 담담하게 나를 위로해

주었다.

　마을 단위의 바이오가스 플랜트 사업은 정부 지원금이 반드시 필요하다. 바이오가스나 태양광 등 신재생에너지 관련 시설설비는 비용이 많이 들지만 아직까지 우리나라에서는 바이오가스 플랜트 사업이 수익을 내기 힘들기 때문이다.

　우리나라처럼 석탄·원자력 발전소가 대부분의 전기를 생산하는 나라에서 신재생에너지는 아직 경쟁력이 낮다. 석탄·원자력발전소가 싼 가격의 전기를 생산하기 때문이다. 석탄·원자력발전소는 막대한 온실가스와 미세먼지를 일으키며 환경 파괴를 하고 있지만, 우리나라의 환경 규제가 느슨하여 정당하게 치러야 할 환경 분담금을 지불하지 않는다. 정부 역시 국가적으로 당장 전기가 많이 필요하기에 환경 문제는 뒤로 제쳐두고 있다.

　반면 미국의 경우는 환경 규제를 강화하고 환경 분담금을 높여 석탄발전소가 퇴출되고 LNG발전소가 부상하였다. 우리나라의 LNG발전소는 적자에 허덕인다. 독일, 프랑스 등 유럽 선진국들 역시 신재생에너지 우대 정책을 내세워 석탄발전소와 원전을 퇴출시키고 있다. 전 세계 선진국들은 친환경 에너지로 적극적인 방향 전환을 하고 있지만 우리나라의 경우는 아직 갈 길이 멀다.

　하지만 정부의 사업 지원을 못 얻었다고 우리 마을, 우리 농장이 꿈꾸는 미래 비전을 포기할 수는 없다. 수단이 미래 비전을 좌우할 수는 없기 때문이다. 나는 농장과 마을이 상생하는 친환경 생태 농축산의 길을 열고 싶다.

마을 사람들 역시 이번 바이오가스 플랜트 사업 추진을 계기로 신재생에너지와 생태 농축산에 대한 인식이 분명해졌다. 바이오가스 플랜트를 위한 '친환경 에너지 마을 사업 공모'는 신청 단계에서 좌절되었지만, 우리 마을이 합심해 노력한 끝에 '태양광 시범 사업 마을'로 선정이 되었다. 봄이 지나고 계절이 바뀌면 마을 집집 지붕마다 태양광 패널을 설치한다. 저탄소 신재생에너지 마을로 가는 의미 있는 첫 발자국을 내딛는 순간이다.

나는 농장에서 발생하는 분뇨를 이용한 바이오가스 플랜트 사업은 일단 실현 가능한 대안을 중심에 놓고 계속 고민해 나가기로 했다. 하루아침에 승부를 낼 수는 없다. 마을에 자리 잡은 우리 농장도 늘 그 자리에서 마을 주민과 함께할 것이다. 마라톤을 하듯 긴 호흡을 내쉬며 한 걸음 한 걸음 우리 마을과 농장의 비전을 실현해 가야 한다.

## 농장관리 시스템, 우리가 만들자

"농장 관리 시스템을 우리가 직접 개발하는 게 어떨까요?"

"대표님, 말이 안 됩니다. 우리는 제조 회사가 아닙니다. 농장입니다. 농장 관리 시스템을 우리가 어떻게 만듭니까?"

"네, 동의합니다. 우리는 시스템 제조회사가 아닙니다. 하지만 그 누구보다도 농장 돌아가는 시스템에 대해서는 우리가 제일 잘 압니다. 그러니 기술자를 데려다가 우리 실정에 맞게 개발할 수도 있는 겁니다."

농장 시설 개선과 새로 지을 축사를 의논하는 농장 회의에서 나는 직원들과 팽팽한 의견 대립을 벌이고 있었다. 현재의 농장 관리 자동화 시스템을 놓고 제대로 된 정보통신기술, 즉 ICT(Information and Communications Technology)가 구현되고 있는지 논쟁이 붙은 것이다.

"외국에서 가져온 첨단 시스템 제품이든 국내에서 만든 농장 자동화 관리 제품이든 현재 우리가 구입할 수 있는 농장 시스템에는 사실상 제대로 된 ICT가 적용돼 있지 않습니다. 저는 장기적으로 볼 때 외국 제품이든 국내 제품이든 만족스럽지 않습니다."

"아니 대표님, 기존에 판매하는 제품들 대부분 기능이 자동화되어 있지 않습니까? 필요하면 스마트폰으로 제어도 할 수 있는데 이게 ICT가 아닌가요? 뭐가 불충분하다는 건지요?"

직원이 이해할 수 없다는 표정으로 말했다.

"네, 맞습니다. 개별 시설은 자동화되었습니다. 하지만 '자동화'가 곧 'ICT'는 아닙니다. 맞춤옷처럼 우리 농장이 장기적으로 효율성 있게 쓸 수 있는 제대로 된 ICT 시스템이 필요합니다. 나는 그 시스템을 구축하고 싶습니다."

우리나라 양돈업계는 항상 덴마크, 네덜란드 같은 유럽의 선진 축산업을 벤치마킹 한다. 유럽을 벤치마킹 하다 보니 우리나라 축산 설비도 유럽의 시스템을 도입하는 것이 관행으로 굳어져 있다. 우리나라 축산 기자재 업체들이 영세하다 보니, 국내산 기자재들은 유럽 제품을 모방한 경우가 많다.

유럽산 축산 시스템을 자세히 뜯어보면 정교한 기능과 내구성에 감탄한다. 아마도 수십 년간 축적된 현장 경험이 시스템에 녹아 있기 때문일 것이다. 하지만 이들 시스템은 대부분 '아날로그' 기술에 기반한 폐쇄형 시스템'이다. 유럽산 환기 시스템을 도입하면 환기 팬, 환기 제어장치 등 제품 일체를 같은 회사 것으로 사용해야 한다. 이러다 보니 제품에 이상이 생기면 이들 교체비용이 만만치 않게 들어가고 유지보수도 쉽지 않다.

 폐쇄형 시스템의 단점은 유지보수뿐만이 아니다. 새로운 환기 방식을 적용하려 할 경우, 일부 필요한 제품만 바꿀 수 없고 기존의 설비까지 대폭 교체해야 하는 문제가 발생한다. 이를테면 기존에 사용하던 문서작성 소프트웨어를 타사 제품으로 교체하기 위해 컴퓨터까지 통째로 바꿔야 하는 그런 상황에 비유할 수 있다. 국내산 제품 역시 이들 제품을 모방하다 보니 폐쇄형 시스템인 유럽산 제품의 한계를 그대로 답습하고 있다.

 유럽에서는 이런 폐쇄형 시스템을 사용하는 것이 최선일 수 있다. 무엇보다 그곳의 축산 관행을 최대한 반영하여 시스템이 개발되었을 테니 사용에 문제가 없을 것이다. 그리고 유럽 여행을 다녀온 사람이면 알겠지만 현지의 인터넷 사정은 우리나라보다 훨씬 열악하다. 농장들이 대부분 농촌에 위치해 있을 테니 어쩌면 첨단 ICT 기법을 적용하기보다 폐쇄형 시스템을 유지하는 것이 더 유리할 수 있겠다.

 그러나 우리나라는 세계적인 ICT 강국이다. 전 세계 어디를 가도 우리나라처럼 쾌적하게 인터넷이나 스마트폰을 이용할 수 있는 나라가 없다. 도시에서 농촌까지, 우리나라에는 세계적 수준의 통신망이 촘촘히 깔려 있다. 특히 우리나라 금융권 ICT 시장은 전 세계 첨단 기술의 경연장이다. 인터넷 뱅킹과 모바일 뱅킹, 자금 결제 서비스, 온라인 대출과 펀드 판매 등 우리나라 금융기관들은 선진국 어느 나라보다 저렴한 비용으로 빠른 서비스를 제공한다. 첨단 플랫폼 기술과 이에 기반한 응용 소프트웨어들이 작동하고 있기에 가능한 일이다.

　나는 20대에 금융 ICT회사를 창업하여 우리나라 대형 금융기관뿐만 아니라 일본, 미국, 싱가폴 등에 위치한 글로벌 기업 본사의 다양한 시스템 개발 프로젝트를 이끈 적이 있다. 우리나라 ICT 회사들은 구글, 오라클 같은 최첨단 회사들에 비해 기술 경쟁력이 없을지도 모른다. 하지만 이들의 기반 기술을 활용한 응용 소프트웨어 개발에서는 우리나라가 세계적 경쟁력이 있다는 것이 내 판단이다.

### 3년이 아닌 30년을 내다보라

ICT와 자동화의 차이점이 무엇일까? 문자 그대로 I, Information과 C, Communication이다. I와 C가 제대로 작동되기 위해서는 온도, 습도 등 다양한 농장의 정보들이 디지털화 되어야 한다. 또한 디지털화 된다고 완성되는 것이 아니다. 디지털화 된 정보들을 다양한 사람이나 업무에 활용할 수 있는 연결성과 개방성을 유지해야 한다.

　사진을 놓고 비교를 하면 가장 좋을 듯하다. 디지털 카메라로 사진을 촬영하면 클라우드에 표준화된 화상 포맷으로 저장할 수 있다. 클라우드에 사진 파일이 저장되어 있으니, 우리는 노트북, 패드, 아이폰, 안드로이드폰 등 다양한 기기와 파워포인트 같은 응용 프로그램에서 사진을 활용할 수 있다. 그 과정에서 어떠한 추가적인 노력이나 비용이 수반되지 않는다. 반면에 필름 카메라는 어떠할까? 필름 사진을 대량으로 인화하여 여러 사람들에게 나누어 줄 수는 있다. 하지만 인화할 때마다 새로운 비용이 추가된다. 뿐만 아니라 사진을 가공하여 다른 목적으로 활용하기 위해서는 별도의 노력이 수반된다.

같은 T, Technology이지만 ICT와 아날로그는 이처럼 큰 차이가 있다. 정보의 활용 가치와 생산성 향상 등과 같은 효용과 수익이 크기 때문에 초기 구축 비용이 많이 들더라도 아날로그 대신 ICT를 도입하는 것이다. 나는 3년만 쓰고 버릴 차를 고르라면 디젤 자동차를 고를 것이다. 하지만 30년을 사용할 차를 고르라면, 미국에서 생산한 '첨단 전기 자동차'인 '테슬라'를 장만할 것이다.

농장 시스템 구축도 같은 이치이다. 지구온난화에 따른 기후변화로 미래의 돼지 키우는 환경에는 불확실성이 가득하다. 지금은 축사 내 온도 문제로 씨름을 하지만 2년 뒤에는 축사 내 습도, 5년 뒤에는 축사 외부 온도와 축사 내 단열 지수까지 감안하여 농장 환기를 정밀하게 관리해야 할 때가 올 것이다. 그렇다고 그때마다 설비를 전면 교체할 수도 없는 노릇이다. 눈앞의 편익을 위해 이제 수명이 다해가는 낡은 기술을 도입할 생각은 없다. 당장 몇 년을 편히 가자고 우리나라가 보유하고 있는 ICT 역량을 활용하지 않는다면 이는 어리석은 결정이다.

2016년 4월 말, 우리 농장은 작은 팀을 조직했다. 이 팀에는 우리 농장과 축산 현장 컨설턴트, 그리고 '차세대 지능형 전력망'이라 불리는 스마트 그리드 전문가, 전산 소프트웨어 개발 전문가, 학계의 사물인터넷 전문가가 참여한다. 2016년 연내에 시제품을 완성하여 1차 개발을 완료하는 것이 목표다. 계획대로 개발이 진행된다면 새로 짓는 축사에는 우리가 개발한 소프트웨어를 적용해볼 생각이다.

나를 걱정하는 지인은 이렇게 말한다.

"아니 이 대표, 돼지농장에만 집중하면 되지, 왜 그렇게 농축산 ICT 개발까지 관심을 갖고 나서는 거야? 혼자 그걸 어떻게 다 한다고…. 너무 이상적으로 일을 구상하는 거 아니야?"

나는 국내 농촌 현장에 와보라고 대답한다. 농촌 현장에는 더 이상 젊은이들이 보이지 않는다. 우리 농장 역시 마찬가지다. 국내 중견 기업 수준의 연봉을 제시해도 젊은이들이 편의점 아르바이트는 할 망정 시골 농장에 오지 않는다. 농촌 현장 인력의 대가 끊길 미래가 멀지 않았다. 돼지농장도 양돈 전문가인 '사양가'가 없어서 돼지를 제대로 키우지 못할 날이 올지도 모른다. 축산인으로 귀농한 내게 제대로 된 ICT 시스템은 절실하게 필요하다. 머지않은 미래를 생각할 때 ICT 도입은 우리 농장 식구들의 사활이 걸린 문제다.

금융과 ICT업계를 떠난 지 6여 년 만에 나는 다시 과거의 경험과 지식을 동원하고, 다시 볼 일이 없을 것 같았던 옛 동료들을 만나 머리를 맞대고 있다.

# 전환기 인생을 시작하려는 사람들에게

"이 나무가 자라면 나뭇가지에 트리 하우스를 지을까요?"

편백나무를 심으며 내가 직원들에게 건넨 말이다.

"하하하. 그러려면 나무가 20년은 더 자라야 할 텐데, 울 손자들이 와서 함께 놀면 되겠네요."

한 직원이 웃으며 맞장구를 쳤다.

우리 농장은 매년 조금씩 구획을 정해놓고 나무를 심는다. 나는 가끔 10년쯤 세월이 흐른 뒤의 우리 농장 모습을 상상해 본다. 훌쩍 자란 편백나무가 농장 언덕을 둘러싸고, 축사 올라가는 돌계단 근처 경사지에 심어놓은 메타세콰이어도 제법 큰 나무로 자라나 있을 것이다.

우리 농장은 직원들끼리 의논해서 심을 나무를 정한다. 나는 계절별로 꽃이 피는 조경을 하고 과일을 따먹을 수 있는 유실수 심기를 원했기에, 사과나무와 포도나무를 재작년 봄에 심어보았다. 사과나무는 별 재미를 못 보았지만 지난해 여름, 포도나무에는 포도 한 송이가 영글었다. 농장장님은 소나무를 좋아한다. 각자 선호하는 수종이 있지만 아무래도 최종적인 결정은 마을과의 조화를 염두에 두고 내린다.

멀리 마을 들어오는 입구에서 언덕 쪽을 보면 우리 농장 축사가 보인다. 돼지농장이 들어서기 전에는 이 언덕에 소나무가 가득했다고 전한다. 아마도 소나무 숲이 시원하게 펼쳐진 마을 논밭 풍경과 어우러져 한 폭의 동양화를 그려냈을 것이다. 그런데 농장 축사가 들어서면서 마을 경관이 좀 삭막해졌다.

나는 축사가 보이는 전면에는 쑥쑥 잘 자라고 잎이 무성한 편백나무를 심었다. 멀리서 보이는 농장 축사의 모습을 사시사철 푸른 나무로 가리고 싶었기 때문이다. 그리고 마을 진입로에서 농장 들어오는 길에는 측백나무와 느티나무를 심었다. 먼 훗날 우리 마을을 찾는 손님들은 크고 위엄 있게 잘 자라난 느티나무의 안내를 받으며 마을 어귀를 들어설 것이다.

각자가 원하는 나무를 종별로 다 심을 수는 없지만, 대신 산림조합에 나무를 사러 가면 자기가 좋아하는 나무 한 그루씩은 꼭 끼워 넣는다. 포도나무는 내가 우겨서 끼워 넣은 나무이다. 나는 이런 끼워 넣기를 좋아한다. 마치 은근슬쩍 끼워 넣는 나무가 우리 농장 직원들이 갖고 있는 꿈처럼 느껴지기 때문이다. 축사 시설 가림용으로 심어 놓은 편백, 메타세콰이어, 주목나무 사이에 슬쩍 끼워 넣은 우리 농장 직원들의 꿈도 푸르게 무르익기를 바란다.

## 나무를 심는 마음으로 미래를 가꿔라

농장 언덕에 올라 나무 한 그루 한 그루를 쓰다듬으며 우리 농장의 미래를 상상해 본다. 동물복지 실현을 위한 노력 덕분에 우리 농장 돼지들은 그 어느 농장보다 쾌적한 환경에서 자라나고 있고, 덕분에 농장직원들은 긍지에 찬 모습으로 열심히 일하고 있다. 오늘은 아이들이 견학오는 날이다. '방목 돼지'를 만나기 위해 도시 아이들이 찾아왔다. 우리 농장은 홍성군을 대표하는 '돼지농장 체험 코스'가 되었다.

2백여 평의 황토에 검정 버크셔, 갈색 듀록, 흰 요크셔 돼지가 노닐고 있다. 삼삼오오 짝을 지어 앞발로 황토 흙을 파고 진흙 가득한 물웅덩이에 몸을 비빈다. 돼지 구경을 온 아이들은 바로 옆 논두렁에 피어 있는 유채꽃을 한아름 뜯어서 돼지에게 던져준다. 나는 돼지 구경하는 아이들을 흐뭇하게 지켜보다가 모두를 이끌고 농장 언덕으로 올라간다. 이번에는 '바이오가스 플랜트' 시설을 소개할 차례다.

"어린이 여러분, 이 농장에는 돼지가 몇 마리나 있을까요? …… 네, 모두 5천 마리입니다. 그런데 녀석들이 똥을 누면 하루에 어마어마한 양이 나오겠죠? 한 마리당 7킬로그램씩 누니까 하루에 30톤쯤 됩니다. 냄새도 어마어마하게 나고요. …… 그래서 아저씨가 골치가 아팠습니다. 이 똥을 어떻게 해야 할까 고민했지요. 어린이 여러분, 돼지 똥은 어디에 쓰일까요? 이 골칫거리를 어떻게 처리하면 좋을까요? 바로 이 시설은 똥을 쓸모 있게 변신시키는 요술지팡이 같은 기계랍니다."

똥 이야기에 까르르 웃는 아이들의 눈망울을 쳐다보며 나는 농장을 일궈온 지난 세월을 추억한다.

돼지 분뇨는 재활용 에너지로 전환하여 마을 논에 지어진 유리 온실로 보내진다. 유리 온실은 추운 겨울에도 따뜻한 온도를 일정하게 유지하여 딸기가 영글고, 치커리가 자라서 우리 마을의 주된 수입원이 되고 있을 것이다. 병풍처럼 빼곡히 들어선 나무숲은 농장 축사를 둘러싸며 운치 있는 마을 풍경을 만들어낼 것이다.

'농장 관리 소프트웨어를 함께 개발한 김부장은 그때쯤 은퇴했겠지?' 그는 멀리 떨어져 있는 온양에 살면서 농장 시스템을 원격 조종하는 중이다. 은퇴했지만 아르바이트 삼아 농장 ICT 환경을 스마트폰을 이용하여 관리하고 있을지도 모르겠다.

나는 우리 농장이 마을과 함께 하는 생태 농축산의 한 축을 담당하며 다른 한편으로는 소비자가 인정하는 좋은 돼지를 키우는 농장이 되기를 꿈꾼다. 최근에 막 설계를 시작한 축산 ICT 소프트웨어가 제대로 개발되어, 국내 여러 농장이 함께 활용하는 공유 서비스로 자리 잡기를 바란다. 그리고 더 나아가 전 세계 돼지 수의 50%를 차지하는 중국의 돼지농장에서도 우리가 개발한 농장 ICT 소프트웨어를 사용하는 미래를 꿈꿔본다.

누가 이런 꿈이 얼마나 언제쯤 실현 가능하냐고 묻는다면 나는 '솔직히 잘 모르겠다'라고 답할 수밖에 없다. 하지만 하나는 확실하다. 꿈은 우리가 이룰 수 있는 상한이다. 올려봐야 하는 높이 때문에 우리 미래의 상한을 한정하고 미리 꿈을 포기할 필요는 없다. 만일 매년 나무를 심으며 '이 나무가 언제쯤 높이 자랄까' 걱정하며 한숨을 쉬고, '언제 키워 어느 세월에 트리 하우스를 만드나' 하고 투덜거리며 미래를 상상하는 즐거움을 멈춘다면, 아마도 다들 그날로 나무 심는 일을 그만두고 말 것이다.

누군가는 나에게 지독한 이상주의자라고 말할지도 모르겠다. 우리가 꿈꾸는 일이 실현되는 시기가 언제일지는 알 수 없지만 작은 씨앗에 아름드리나무의 미래가 숨겨져 있듯이, 우리 농장의 오늘이 농장의 미래도 품고 있다고 나는 생각한다. 우리가 심은 나무는 우리 농장의 미래와 함께 자라날 것이다.

## 마을 공동체에 뿌리를 내려라

누가 나에게 귀농이 무엇인가 묻는다면 '삶의 기반을 도시에서 농촌으로 옮기는 것'이라고 답할 것이다. 이를테면 도시에서 자라던 나무를 농촌으로 옮겨 심는 셈이다. 봄철 나무를 옮겨 심어보면 어린 나무들은 큰 탈 없이 잘 자란다. 반면에 제법 자란 나무를 옮겨 심으면 그 나무는 꼭 몸살을 한다. 뿌리 내릴 토양이 변하고 기후도 달라지니, 옮겨 심은 나무가 뿌리를 내리고 자리 잡을 동안 세심한 배려가 필요하다. 도시에서 살던 사람이 귀농을 택하는 것은 다 큰 나무를 옮겨 심는 일과 비슷하다. 대부분의 귀농인들은 도시의 직장에서 근무하다가 대안적 삶으로써 농촌과 농업을 택한다. 하지만 도시와 농촌은 엄연히 다른 곳이며 농사짓는 일은 직장생활과 많은 차이가 있다.

서로 모르는 사람들이 모여 사는 곳, 남남이 잘 어울려 살 수 있도록 설계된 곳이 도시이다. 싱글족을 포함 대체로 가족 단위로 구성되는 도시 생활은 계약과 거래를 근간으로 이루어진다. 우리나라처럼 도시 인구의 이동이 많은 나라는 드물다. 2~3년이 멀다고 이사를 다니니 도시인의 삶에 지역을 기반으로 한 공동체의 개념은 없다.

농촌의 삶은 정반대이다. 불과 30년 전만 하더라도 대부분의 농촌 마을은 특정 성씨를 가진 사람들이 모여 살았고, 혈연과 공간을 공유하는 공동체가 주된 삶의 방식이었다. 지금도 농촌에 가면 수십 년 함께 살아온 마을 주민들과 그들의 후손들이 관계의 근간을 이룬다.

농촌에서의 경제활동은 여전히 공동체적 특성을 갖는다. 농촌 인구가 줄고 정부의 정책으로 농업은 상당 부분 기계화되었다. 집집마다 경운기는 한 대씩 있지만 콤바인 같은 기계는 아주 고가이다. 이런 고가의 장비들은 마을 이장이나 지도자의 책임 하에 마을에서 함께 사용하는 경우가 일반적이다. 가뭄에 논물을 댈 때도 공동체의 상부상조하는 협업은 진가를 발휘한다. 아무리 제 논에 파놓은 관정에서 물이 콸콸 나온다고 하더라도 물길을 혼자 독점하는 법이 없다. 함께 가뭄을 해소하기 위해 다른 논에도 물이 흐를 수 있도록 물길을 터준다.

일 년간 키운 농작물을 출하할 때도 마찬가지다. 일부 농민은 개인적으로 인터넷을 이용한 직거래 판매도 하겠지만, 대부분 농축산물의 유통은 마을의 농협이나 지역과 오랫동안 관계를 맺어온 상인이 담당한다. 지역 농협의 조합장님은 조합원의 투표로 선출하니 어떻게 보면 이 거래의 근간에는 '계약보다 인간적인 유대'가 우선시된다.

요즘 우리 마을에도 도시에서 귀농한 이웃이 한두 가구씩 생겨나고 있다. 산업화가 진행되면서 사람들은 농촌에서 도시로 이동했지만 도시에서 농촌으로 이동했던 적은 없었다. 인간적인 유대와 공동체 개념이 강한 마을에 들어오는 '외지인'은 반가우면서도 한편으로는 낯설다. 늘 인구가 줄어드는 마을에 새로운 사람이 들어오니 반갑지만, 자칫 마을의 삶의 방식과 갈등을 일으킬까 걱정되기도 한다.

도시의 삶에 익숙한 귀농인 역시 농촌에 오면 낯설기는 마찬가지이다. 도시에서는 이웃과 가족 간에도 '개인의 성'을 쌓고 산다. 개인주의에 익숙한 귀농인들에게 개인의 성을 넘어서는 농촌 이웃들의 사생활 침해는 당혹스럽다. 일하는 방식도 도시의 삶과 차이가 있다. 도시에서는 회사에서 지정한 특정한 일을 '직제' 중심으로 그 부분만 전문적으로 한다. 그런데 귀농을 하면 소소한 일부터 큰 규모의 일까지, 모든 범위의 일을 스스로 해결해야만 한다.

도시에 살 때는 혼자 일이 감당이 안 될 경우 적절한 누군가를 찾아서 일을 맡기면 되지만, 시골에서는 일을 맡아줄 적절한 사람 찾기도 쉽지 않다. 그래서 출하든 논밭 갈기든 모든 일을 잘해내려면 마을 주민과의 유대 관계 형성이 필수다. 귀농인은 농촌에 도착한 그 순간부터 농촌 생활의 A부터 Z까지 '어떤 포지션에서도 능숙한 만능선수'가 되어야 한다.

농촌에 정착하면 처음에는 이해가 되지 않던 농촌의 관행들이 대부분 어떤 이유가 있음을 깨닫는다. 도시인의 눈으로 볼 때 비합리적인 것들이 정작 농촌의 현실에서 볼 때는 합리적인 경우가 많다. 귀농을 결정했다면 무엇보다 농촌생활에서 겪는 '낯섦'을 '다름'으로 받아들이고 일상생활 소소한 것까지도 농촌 마을에 단단히 뿌리 내리기를 권한다. 물론 익숙해지는 데는 시간이 필요하다. 마을 공동체와 유대의 끈을 놓지 않고 농촌의 일상에 깊이 뿌리 내릴 때 비로소 귀농에 성공할 수 있다.

## 주특기를 활용하라

"유기농 작물을 키워 인터넷으로 직거래 판매할 계획입니다. 귀농학교에서 작물 재배법도 배우고, 농촌 체험도 해봐야지요."

농촌 정착을 꿈꾸는 예비 귀농인이 흔히 하는 생각이다.

보통 창업을 할 때는 사업의 수익성과 위험을 세심하게 따져본다. 과연 그 사업을 잘할 수 있을지, 본인의 적성에 맞는지 신중히 판단한다. 귀농은 '일종의 창업'이다. 그것도 과거에 경험해보지 못한 낯선 곳에서 낯선 업종을 시도하는 리스크가 큰 창업이라 볼 수 있다.

나는 유기농 농법을 구상하는 예비 귀농인이 그리 믿음직스러워 보이지 않는다. 유기농 농법은 일반 재래식 농법보다 작물에 훨씬 더 세심한 관심과 주의가 요구되는 농업의 고수들도 다루기 까다로운 농법이다. 창업의 관점에서 본다면 아직 역량이 안 되는 초보 사업가가 무리한 시도를 하는 것 같아서 안타깝다. 전자상거래도 마찬가지이다. 경험자라면 상관없겠지만 전자상거래 무경험자가 인터넷 홈페이지를 만들고 콘텐츠를 지속적으로 담아내며 관리하기란 그리 녹녹한 일이 아니다.

귀농을 창업이라고 보면, 도시에서 하는 일반적인 창업과 비슷한 검토 절차를 거쳐야 한다. 유기농과 인터넷 판매를 생각한다면 이 사업은 수익성이 있는지 그리고 과연 이 업종이 나의 적성에 맞는지를 따져봐야 한다. 한걸음 더 나아가서 '농촌이 나를 필요로 하는지'도 생각해볼 필요가 있다. 귀농인이 갖고 있는 특별한 주특기가 있는데 그것이 마침 그 마을에 보탬이 되는 특기라고 한다면 귀농인으로서 더 많은 가치를 창출해 내면서 농촌에 정착할 수 있다.

요즘 농업 현장에서는 '규모화'를 지속적으로 추진하고 있다. 규모화란 '더불어 큰 규모로 생산하는 방식'이다. 농촌의 경제활동 인구가 감소하고 시장이 개방된 상황에서 우리 농업이 경쟁력을 유지하기 위한 불가피한 선택이 아닐까 생각한다. '들녘 공동체'나 '생산자 조합법인' 등 중소 규모 생산자들이 별도의 경영체를 만들어 공동 경작을 한다든지 공동 출하를 하는 방식이 그 예이다. 이렇게 규모가 커지다 보면 농촌에서도 회계, 인사관리와 같이 일반 회사 생활에서 쓰이던 사무 경험이 진가를 발휘한다.

또한 판로를 개척하고자 하는 생산자 단체는 도시 소비자로 있다가 농촌에 정착한 귀농인의 소비 경험과 식견이 큰 도움이 될 수 있다. 양봉업을 하던 아버지를 돕기 위해 귀향한 젊은이가 있었다고 한다. 도시에서 온라인 쇼핑몰을 기획하던 이 젊은이는 예쁜 용기에 꿀을 담고 소포장 판매를 시작했다. 아버지가 생산을 담당하고 자식은 유통과 가공을 담당하여 더 큰 부가가치를 만들어낸 사례이다.

귀농은 삶의 터전을 도시에서 농촌으로 이전하는 것이다. 귀농하여 자연 속, 낭만적인 삶을 만들어 나갈 수도 있다. 하지만 농촌은 치열한 삶의 현장이지 십중팔구 도시에서 상상하는 전원에서의 목가적인 삶이 아니다. 도시에서 꿈꾸던 낭만적인 삶을 고집한다면 농촌에 정착하기가 쉽지 않다. 그것은 단지 도시의 삶을 농촌이라는 공간에 이식하려는 시도일 뿐이다.

　도시에서 농촌을 찾아온 귀농인은 어쩌면 도시와 농촌 두 경계를 넘나드는 경계인의 삶을 택한 것일지도 모르겠다. 경계인은 어디에도 속하지 못한 외로운 존재이다. 하지만 양쪽을 잘 이해하는 경계인은 중간자로서 뜻있는 역할을 할 수 있지 않을까. 도시와 농촌 사이에는 소통과 이해의 부재를 비롯한 어떤 괴리가 존재한다. 도시의 생태를 잘 알면서 농촌에 삶의 터전을 잡은 귀농인은, 도시와 농촌 사이의 갈등과 문제를 해결하는 데 중요한 역할을 할 수 있을 것이다. 나는 앞으로 경계에 있는 귀농인이 점점 늘어나는 만큼 도시와 농촌의 간격도 줄어들 수 있으리라는 희망을 가져본다.

에필로그

# 긴 호흡을 내쉬며 한 걸음 두 걸음

매년 우리 마을에는 작은 축제가 열린다. 주렁주렁 탐스럽게 열린 '조롱박' 길을 함께 거닐며 마을의 친목을 도모하는 축제다. 이번 축제는 8월 8일에 열렸다. 우리 농장에서는 매년 돼지 한두 마리를 마을 축제를 위해 내놓는다. 올해는 방목하여 키운 돼지를 마을주민과 함께 맛보았다.

마을과 상생하려는 나의 취지와 축산 생산자에 관심이 많은 김욱성 셰프가 멋진 돼지 요리를 선보였다. 마을 부녀회의 별미인 서해바다 액젓으로 맛을 낸 잔치국수와 우리 농장 방목 돼지로 만든 요리가 한 상 가득 차려졌고, 우리 마을과 인근 마을 주민 분들이 함께 맛있는 음식을 즐겼다.

책을 마무리하는 요즘 나는 글쓰기 대신, 농장 직원들과 머리를 맞대고 우리 축산 실정에 적합한 ICT 시스템 개발에 많은 시간을 보낸다. 그러나 돼지 키우는 농장에서 시스템을 개발하기에는 여력이 부족하다. 농촌 현장에서 시스템 개발 기획을 도와줄 전문가를 찾는 일은 불가능에 가깝기 때문이다. 전문가들과의 협의를 위해 서울에 가는 일이 잦아졌다.

시스템 설계에 몰두하다 보면 때론 밤을 새우기도 한다. 문득 20년 전 금융 ICT 회사를 창업하여 시스템 개발에 열을 올리던 기억이 떠올라 슬며시 미소 짓곤 한다. 농장 환경 관리 시스템 개발이 완료되면 먼저 우리 농장에 적용을 하고, 성과가 좋으면 다른 농가와도 개발 성과를 나누고 싶다. 금융과 ICT업계를 뒤로 하고 귀농을 택한 내가, 지금 우리 축산업에 맞는 사물인터넷과 빅 데이터 시스템 개발에 몰두하고 있으니 세상은 돌고 도는 걸까?

겉으로는 평화롭고 여유로워 보이지만 농촌의 일상이 마냥 좋은 일과 희망으로만 채워지지는 않는다. 지구온난화의 탓일까? 유례가 없는 이상기후와 폭염의 고비를 농장도 돼지도 힘겹게 넘어가고 있다. 불경기에 따른 소비 위축과 수입육으로 돼지 가격이 급락할 거라는 우울한 시장 예측이 설득력을 얻고 있다. 그리고 어쩌면 올 겨울 구제역이 다시 창궐할지도 모른다는 동료 축산 농가의 우려 섞인 얘기도 예사롭지 않게 들린다.

하지만 이상기후와 돼지 가격 폭락, 돼지 질병과의 전쟁은 내가 감내해야 할 삶의 한 일상인 것이다. 쉼을 앞둔 지금 나는 무언가를 꿈꾸며 열심히 일할 수 있는 나의 일상에 감사한다.

요즘 들어 나는 매일 규칙적으로 마을 들녘을 산책한다. 농촌에 오면서부터 생긴 습관이다. 실개천을 따라 난 논길을 거닐면 도시에서는 잠들어 있던 내 몸의 오감이 깨어난다. 시골 들녘은 계절마다 하루가 다르게 변화한다. 나는 눈부신 햇살 아래 살아 있는 자연을 만끽하면서 그 속에 깃든 미세한 변화를 알아채는 눈이 생겼다.

논두렁에 난 고라니 발자국이 눈에 들어온다. 내 촉각으로 자연을 관찰하며 느끼는 순간이다. 어제 만난 오리 떼는 오늘도 뒤뚱거리며 하늘을 날아올라 이 논 저 논으로 옮겨 다닌다. 홀로 자태를 뽐내는 꿩은 늘 그 자리에서 나를 반긴다. 계절 따라 날아오는 철새도 달라진다.

때로 마음이 복잡할 때에는 차로 10분 달려 홍성호를 끼고 있는 서해바다로 나간다. 바다 위로 붉게 떨어지는 저녁노을은 나에게 더 없는 위안을 준다. 몇 년 뒤에는 서해바다가 보이는 홍성호 근처에 집을 지을 것이다. 농장 일을 마치고 집에 돌아오면 석양에 물든 서해바다와 홍성호가 나를 휴식에 들게 하겠지. 나는 오늘도 미래의 꿈을 쌓아가며 하루를 마무리한다.